ヘーゲル哲学を語る

Gespräch über Hegels Philosophie

牧野広義 編著
Hiroyoshi Makino

文理閣

まえがき

　私はヘーゲル哲学を研究し、その成果を翻訳や著作として発表してきた。ヘーゲルの哲学は難解であるが、その研究の過程で経験したことは、楽しいことも多くあった。本書ではこのような私の経験を紹介して、ヘーゲル研究のおもしろさを伝えたいと思う。

　第1部は「ヘーゲル研究の道すがら」の経験を述べる。その1つは、ヘーゲルゆかりの都市を訪ねたり、ヘーゲル研究者との交流やヘーゲル学会参加などのために、ドイツを旅行したことである。また1つは、ヘーゲルの講義録の翻訳の過程で経験した研究のおもしろさである。そして、ドイツの研究者がヘーゲルの講義録を編集するために行っている仕事も、日本での講演の翻訳として紹介した。

　第2部は「ヘーゲル哲学を読み解く」という作業の紹介である。その1つは、ヘーゲル論理学についての私の研究である。ヘーゲル論理学から「矛盾・主体・自由」の論理を読み解く作業を紹介したい。またドイツのヘーゲル論理学研究者の日本での講演を紹介する。次に、「ヘーゲルとスポーツ哲学」というテーマで、ヘーゲルの著作をいかに読み解くかについて論じたい。さらに、ヘーゲルとマルクスの関係について、社会哲学と論理学の双方の視点から考察する。

　このような仕方で、難解なヘーゲル哲学ではあるが、それを読み解くおもしろさや、彼の講義活動や、彼が生活したドイツの都市を知るおもしろさを語りたいと思う。またドイツの現状を知ることは、日本の現状に対する反省ともなる。ヘーゲルとドイツを通して、現代の日本を考える1つの契機にもしたいと思う。

　読者の皆さんもこの語らいに参加していただければ幸いである。

目　次

まえがき　3

序　論　21世紀の今、なぜヘーゲルか……………………　7
　　1　ヘーゲル哲学の文献と新しいヘーゲル像　7
　　2　ヘーゲル哲学への現代的関心　9

第1部　ヘーゲル研究の道すがら

第1章　ヘーゲルゆかりの都市を訪ねて ……………… 15
　　はじめに　15
　　1　私のドイツ旅行　16
　　2　ヘーゲルゆかりの都市を訪ねて　20

補論　ドイツで「過去への反省」にふれる　30
　　はじめに　30
　　1　ボンでドイツの歴史をふり返る　30
　　2　ベルリンで「過去への反省」にふれる　31
　　3　美術館とオペラ　33
　　4　ダッハウ強制収容所跡など　34

第2章　ヘーゲルと女性 ── ベルリンの「女の会」にて ── … 36
　　はじめに　36
　　1　ドイツのヘーゲル研究と女性　36
　　2　ヘーゲルの女性論　38
　　3　ヘーゲル哲学と女性　39

第3章　本物だった講義録
　　　　　── 『ヘーゲル法哲学講義録1819-20年』について ── …… 41
　　はじめに　41
　　1　ヘーゲル法哲学講義録1819-20年の出版の経過　42
　　2　ヘーゲル『法の哲学要綱』と講義録との関係　43

3　本講義録の文献学的評価について　46
　　4　本講義録の特徴　48
　　5　本講義録の理論的問題　49

　第4章　長男が筆記した論理学講義
　　　　── ヘーゲル論議学講義1831年 ── ……………… 57
　　はじめに　57
　　1　ヘーゲルの「論理学」と論理学講義について　58
　　2　論理学講義1831年について　59
　　3　近代哲学の「大問題」とヘーゲル論理学　62
　　4　論理学講義1831年における「主体」の論理　64
　　5　論理学講義1831年における「自由」の論理　72

　第5章　講義録の中に見るヘーゲル論理学
　　　　　　　　　　　　　　　（アンネッテ・ゼル）…… 81
　　1　編集作業の意義　81
　　2　編集者の仕事　83
　　3　ヘーゲル論理学講義の編集　86
　　4　ヘーゲル論理学講義の各筆記録　88
　　5　まとめ　96

第2部　ヘーゲル哲学を読み解く

　第1章　ヘーゲル論理学と矛盾・主体・自由 ………… 101
　　はじめに　101
　　1　ヘーゲル論理学の課題　101
　　2　矛盾の論理　104
　　3　主体の論理　109
　　4　自由の論理　114

　第2章　生きた論理学 ── ヘーゲル論理学における
　　　　　　　　　　　　生命概念の意義 ──（アンネッテ・ゼル）…… 119
　　1　直接的な理念　122

2　論理的生命　128
    3　結論　133

第3章　ヘーゲルとスポーツ哲学…………………………138
  はじめに　138
    1　ヘーゲル『精神の現象学』における古代ギリシアの
       祭典について　138
    2　ヘーゲル『歴史哲学講義』における競技論　145
    3　ヘーゲル『美学講義』における競技論　148

第4章　ヘーゲルとマルクス ── 社会哲学と論理学 ── ………161
  はじめに──アルント・テーゼ　161
  Ⅰ　『法の哲学』と『資本論』　162
    1　ミネルヴァのフクロウとガリアの雄鶏　163
    2　「抽象法」と「天賦の人権の楽園」　164
    3　ヘーゲルとマルクスの家族論　167
    4　市民社会論　169
    5　国家論　174
    6　社会哲学と論理学　176
  Ⅱ　『論理学』と『資本論』　177
    1　ヘーゲルの弁証法とマルクスの弁証法　177
    2　質、量、尺度、反省規定の弁証法　180
    3　目的論と労働　182
    4　弁証法的矛盾　183
    5　概念と主体　185
    6　否定の否定　187
    7　必然性と自由　189
  まとめ──「アルント・テーゼ」に応えて　191

あとがき　194

序論
21 世紀の今、なぜヘーゲルか

　ゲオルク・ヴィルヘルム・フリードリヒ・ヘーゲル（1770-1831）は、ドイツの代表的な哲学者の一人として歴史に名をとどめ、その後の哲学に影響を与えただけでなく、現代においてもなお注目され、議論が行われている。この 21 世紀において、ヘーゲル哲学を語る意味について考えたい。

1　ヘーゲル哲学の文献と新しいヘーゲル像

　今日、ヘーゲル哲学をなぜ語るのか。その理由は何であろうか。
　第一に、従来のヘーゲル像を革新して、新たに描き直す資料が豊富になっていることである。この点で、まずヘーゲルの著作をふり返っておきたい。
　ヘーゲル自身が出版した哲学の著作は、『精神の現象学』（1807 年）、『大論理学』（初版 1812-16 年、第二版 1831 年）、『哲学的諸学問のエンチュクロペディー要綱』（初版 1817 年、第二版 1827 年、第三版 1830 年）、『法の哲学要綱』（1821 年）である。このうち、『エンチュクロペディー要綱』と『法の哲学要綱』は、あくまでも講義用の「要綱」である。
　ヘーゲルの死後、弟子たちが「故人の友人の会」として『ヘーゲル全

集』を編集した。そのさい、ヘーゲル自身が出版した論文や著作のほかに、ヘーゲルの講義について学生が筆記した講義録を編集して『全集』の中に組み込んだ。それらは、『歴史哲学』、『美学』、『宗教哲学』、『哲学史』である。また『法の哲学要綱』や『エンチュクロペディー要綱』の中の『小論理学』、『自然哲学』、『精神哲学』には、当該の講義録から抜粋された「補遺」がつけ加えられ、分かりやすいものとなった。こうして、弟子たちが描いたヘーゲル体系が普及した。

20世紀初めには、ヘーゲルの若い頃の草稿が『初期神学論集』や、『イェーナ論理学、自然哲学』、『イェーナ実在哲学』などとして刊行されて、初期ヘーゲルへの関心が高まった。1970年のヘーゲル生誕200周年に刊行されたズールカンプ社版の『ヘーゲル著作集』は、それまでの文献研究の成果を取り入れた使いやすいものになった。

そして、1960年代からの新たな文献学的研究に基づいて、ヘーゲルの初期の草稿の執筆年代が確定され、文献学的に信頼のおける『ヘーゲル大全集』が刊行されてきた。その中で、ヘーゲルのベルン時代、フランクフルト時代、イェーナ時代、ニュルンベルク時代、ハイデルベルク時代、ベルリン時代の論文・草稿・著作が編集された。また、ヘーゲルの講義録の収集も行われ、各種の講義録が年代別・筆記者別に整理され、その全体を忠実に復元することが行われてきた。こうして、『ヘーゲル大全集』の第Ⅰ部ではヘーゲルの著作が収録され、第Ⅱ部では学生の講義録が収録されている。またこの『大全集』をもとにしてフェリックス・マイナー社から「哲学文庫」版も出版されている。

以上のように、ヘーゲル没後には「ヘーゲル哲学体系」を普及するための『ヘーゲル全集』が刊行されたが、その後、「若きヘーゲル」への関心へと移り、さらにヘーゲル哲学の形成過程をふまえて、ヘーゲル哲学の全体像を厳密に理解するための文献がようやく整ってきたのである。

ここから、新しい資料を活用しながら、ヘーゲル哲学の形成・発展史が研究し直され、新しいヘーゲル像を提示することが可能になっている。

たとえば、ヘーゲル哲学の政治的性格として、かつてのようにプロイセンの反動的な「国家哲学者」としてとらえるヘーゲル研究者は、今日ではほとんどいない。むしろ、フランス革命（1789年）を歓迎するとともにその恐怖政治を厳しく批判し、ナポレオン没落後の19紀初めの「復古体制」のもとにあっても、当時として進歩的な立憲君主制を提唱した「自由主義者」として評価する研究が多くなっている。同時に、個人の自由を重視する他のヨーロッパの自由主義者とは異なり、家族・市民社会・国家という「共同体」を重視する哲学としてヘーゲルを理解する研究もある。

　またヘーゲルの理論的性格として、かつての「絶対理念」による世界の構成を論じる「論理学的汎神論」としてよりも、その哲学体系の全体にわたって人間的自由の実現を重んじ、人間の「相互承認」関係を社会の基礎として論じた「自由の哲学者」としてとらえるヘーゲル像も提起されている。

　さらに、フランス革命の世界史的意義を踏まえて、世界史を自由の意識における進歩ととらえ、芸術や宗教や哲学をその歴史的発展においてとらえた「歴史哲学者」としてのヘーゲルも、その評価をめぐって議論されている。

2　ヘーゲル哲学への現代的関心

　第二は、今日の激動と変革の時代に生きる私たちにとって、ヘーゲル哲学の意義をとらえると同時にその限界をどう乗り越えるかという関心である。

　ヘーゲルは近代という時代を解明し、その歴史的意義とともに、近代社会がはらむ深刻な矛盾を把握し、その解決の方向を探求した。彼は、先輩の哲学者カントの言うような道徳法則に基づく自律的な生き方を高く評価しながらも、しかし現実社会の中で生きる人間の問題はそれだけ

では解決できないと考えた。そして近代的な法的権利と内面的な道徳性を踏まえた上で、家族・市民社会・国家という具体的な社会関係の中で倫理をとらえ、人間が主体性を発揮しつつ自由と共同を実現することを重視した。

そのさい、家族においては「愛」を原理として両性の合意に基づく人間の共同性が形成されるとされる。しかしヘーゲルは家族において夫は外で働き、妻は家庭を守るという男女の性別分業を主張する。また「欲求の体系」としての市民社会においては人間が相互に分裂し、富と貧困との矛盾が深刻になる。そこでヘーゲルは、市民社会の職業団体や内務行政などを基礎として、国家において人間の自由と共同を実現しようとする。だが、彼が主張した国家とは、君主と議会と政府の権力が統一された「立憲君主制」であった。

このようなヘーゲルの社会哲学には、進歩性の中に保守性があり、保守性の中に進歩性がある。しかも、ヘーゲル『法の哲学』の著作の保守性と、講義の進歩性とを対置して、著作における保守性は1819〜20年当時のプロイセン政府による学者・学生への弾圧や言論統制を考慮したものだという解釈もある。このような解釈の妥当性も検討されなければならない。ともかく、ヘーゲルは近代という時代と格闘し、近代社会のはらむ問題を深く考察した。このことが現代に生きる私たちにも重要な問題を提起している。

さらに、ヘーゲル弁証法の現代的意義がある。ヘーゲルの弁証法はけっして「正・反・合」という図式ではない。また「量的変化と質的変化、対立物の統一、否定の否定」という三法則にまとめきれるものでもない。このような図式的・形式的な弁証法理解を乗り越えるためにも、ヘーゲル哲学の研究が必要である。

ヘーゲルは、生きた現実と歴史の発展をダイナミックにとらえ、近代社会を対立や矛盾を含んだものとしてリアルにとらえる論理として、近代的な弁証法を確立した。それは、近代思想の中で支配的であった機械

論的世界観を克服するものであった。

　つまり、弁証法とは、(1) 世界の事物は決して「機械」のようなばらばらな部分の集合ではなく、有機的な関連をもつ総体的構造をもつこと、(2) 世界の事物はもっぱら外的な力によって運動する受動的なものではなく、自己のうちに現実的な矛盾を含み、これを原動力として能動的に運動するものであること、(3) 世界の事物は、このような矛盾を解決する新しい実在や、自己展開する「主体」を形成しながら発展すること、を主張する。

　つまり、ヘーゲルの弁証法は、近代科学の方法である分析的方法を契機として含みながら、現実の中にある対立や矛盾を把握し、さらに矛盾を原動力として発展する現実をとらえる方法である。ここでは、現実の矛盾の把握が弁証法の核心となる。その意味で、マルクスは「あらゆる弁証法の噴出源であるヘーゲル的矛盾」と言ったのである。

　ただし、ヘーゲルの場合、このような弁証法の体系である論理学を、あたかも神が世界を創造するさいの設計図であるかのようにとらえた。しかもヘーゲルの弁証法は彼の哲学体系の中で完結したものとなり、最終的には現実を肯定するものと理解される。マルクスが批判したのは、まさにこの点であった。しかし同時に、マルクスはヘーゲル弁証法を深く理解し、それを経済学批判の仕事において縦横に駆使した。しかもマルクスはヘーゲル弁証法の合理的なものを普通の人にも分かりやすいものに書き直したいと思いながら、それを実現できなかった。ヘーゲル弁証法の合理的核心の研究は依然として今日の課題である。

　21 世紀の今日、ヘーゲルが 19 世紀の初めに出版した著作が次々に出版 200 周年を迎えている。ドイツでも日本でもその記念のシンポジウムが開催されている。このような状況を踏まえて、ヘーゲル哲学についていっそう多くを語ることができるのであり、また語ることが必要であると思われる。

第1部
ヘーゲル研究の道すがら

ニュルンベルクの「エギディエン・ギムナジウム」(右)。ヘーゲルはここで校長を務めた。隣に建つのは「エギディエン教会」。
(2013年3月筆者撮影)

第1章

ヘーゲルゆかりの都市を訪ねて

はじめに

　ヘーゲルはドイツの代表的な都市に生まれ、学び、仕事をした。ヘーゲルの経歴と彼が活動した都市は次のとおりである[1]。

　　1770年8月27日、ドイツのシュトゥットガルトで生まれる。

　　1777年秋から1788年9月まで、シュトゥットガルトのギムナジウムで学ぶ。

　　1788年10月から1793年6月まで、チュービンゲン大学の神学部で学ぶ。

　　1793年10月から1796年末まで、スイスのベルンでシュタイガー家の家庭教師。

　　1797年1月から1801年末まで、フランクフルト・アム・マインのゴーゲル家の家庭教師。

　　1801年1月に、イェーナに移り、10月にイェーナ大学で教授資格を取得し、私講師。

　　1805年2月から1806年秋まで、イェーナ大学員外教授。ナポレオン戦争のため、1806年冬学期からの講義を行えなくなる。

1807年3月から1808年11月まで、バンベルクで「バンベルク新聞」編集者。
　　　1808年12月から1816年9月まで、ニュルンベルクのギムナジウムの校長。
　　　1816年10月から1818年9月まで、ハイデルベルク大学教授。
　　　1818年10月から1831年11月まで、ベルリン大学教授。
　　　1831年11月14日、ベルリンでコレラのために急死する。

　このように、ヘーゲルは、ベルンの家庭教師時代を除いて、ドイツのシュトゥットガルト、チュービンゲン、フランクフルト・アム・マイン、イェーナ、バンベルク、ニュルンベルク、ハイデルベルク、ベルリンに移り住んだ。いずれもその地域の文化の中心となる都市である。
　私はヘーゲル研究の過程でこれらの都市を訪れた。フランクフルト・アム・マイン（以下ではフランクフルトと略す）のような近代化した大都市を除いて、いずれの都市も旧市街の歴史的な建物や町並みを保存しており、ヘーゲルの時代をしのぶことができる。これらの都市を訪れたことがヘーゲル研究にとって大変刺激になった。このようなヘーゲル研究の道すがらについてお話をしたい。

1　私のドイツ旅行

　私は大学院時代からヘーゲルの研究を行ってきた。しかし若い頃にドイツに留学する機会がなく、ドイツを訪れたのは1996年9月が最初であった。このときには、当時、ヘーゲルの『法哲学講義録1819-20年』の翻訳を行っていた友人たち3人とともに、ドイツのヘーゲルゆかりの都市を訪問した。
　この計画を立てるにあたって、私は中埜肇氏の「ヘーゲル詣で」[2)]を参考にした。中埜氏が「ヘーゲル詣で」としてヘーゲルゆかりの都市

を旅行したのは1970年であった。この年はヘーゲル生誕200年であり、これを記念して同年7月に国際ヘーゲル連盟のヘーゲル・コングレス（シュトゥットガルト）があり、続いて同年8月に国際ヘーゲル協会のヘーゲル・コングレス（ベルリン）があった。中埜氏はこの両コングレスに参加し、その間の約1月間にベルンを含めてヘーゲルゆかりの都市を訪問したのであった。この中埜氏の「ヘーゲル詣で」は、私たちのドイツ旅行の26年前の記録である。しかし、この記録はけっして古くなっておらず、ヘーゲルの足跡をたどるうえでは、旅行の計画においても実際の旅行においても大変役に立った。

1996年の私たちのドイツ旅行は、9月3日に出発して9月14日に帰国するまでの12日間であり、ドイツ国内で10泊という極めて短期間のものであった。そのため、私たちは、現地での時間をできる限り有効に使うために、『地球の歩き方ドイツ』（ダイヤモンド・ビッグ社）などを参考にして、旅行の計画を綿密に立てた。ホテルの予約は日本の旅行社で行った。また、トマス・クック『ヨーロッパ鉄道時刻表』でドイツ国内の列車の時刻を調べ、ジャーマンレールパスも購入しておいた（これはライン川下りにも、古城街道のヨーロッパ・バスにも使用できた）。私は『ひとり歩きのドイツ語自遊自在』（JTB）のテープを約1月前から聞いておいた。これは交通機関やホテルの手続き等に役立った。

そしてドイツ国内のヘーゲルゆかりの都市を交通経路上できるだけ効率的に訪問するために、フランクフルト→ハイデルベルク→ニュルンベルク→ヴァイマール→ベルリンという順序で旅行し、この5都市に各2泊することにした。そして、ハイデルベルクからの日帰りでシュトゥットガルトとチュービンゲンを訪れ、またニュルンベルクからの日帰りでバンベルクを訪れ、ヴァイマールからの日帰りでイェーナを訪問することにした。

この第1回目の旅行は大変楽しいものであり、ヘーゲルをよく知るために役立った。また、一度旅行すると、ドイツでの食事の取り方や、旅

の服装や携行品の準備などの要領も分かる。食事に関しては、朝食はホテルの食堂でパン・ハム・チーズなどとともに生野菜をしっかり取る。昼食は駅構内の軽食堂あるいは大学のメンザ（学生食堂）を利用したり、広場の屋台でパンに挟んだ焼きソーセージなどを買う。夕食はレストランでワインやビールとともにドイツ料理を味わう。これが基本パターンとなった。また、実際の旅行では、事前の計画では思いもよらなかった発見がある。これも旅行の魅力である。

　私はその後も、友人たちと共に、また私一人で、ドイツをたびたび訪れることになった。

　第2回の旅行は、1999年9月に第1回のグループのうちの2人と一緒にドイツのハーゲンに留学中の同僚を訪問して、ドイツ人のヘーゲル研究者と交流を行った。同僚の紹介でドイツ人の家庭も訪問した。またドイツ国内のマルクスゆかりの都市（トゥリーア、ボン、ケルン）などを訪ねた。

　しかしドイツに行くたびにドイツ語の力の不足を感じる。そこで第3回の旅行では、2000年9月にドレスデンのゲーテ・インスティトゥートでドイツ語の勉強をした。ドレスデンは芸術と音楽の都である。ツヴィンガー宮殿で数多くの絵画を見たり、ゼンパーオペラ劇場でオペラやコンサートを楽しむことができた。また近くのライプツィッヒやマイセンも訪れた。

　第4回の旅行では、2002年3月に大学の同僚と共にハーゲンおよびベルリン、ポツダムを訪問して、ドイツ人の研究者と交流を行った。

　第5回の旅行では、2002年9月にイェーナ大学で開催された国際ヘーゲル協会のヘーゲル・コングレスに参加した。このときにはドイツの「環境首都」と呼ばれるフライブルクも訪問した。

　第6回の旅行では、2004年9月にハンブルクのゲーテ・インスティトゥートでドイツ語の勉強をした。このときのクラスはドイツ語とともに、コンサートやオペラ観賞、ブレーメンへの小旅行などの文化企画も

含まれていた。また私個人でハンザ同盟の都市リューベックなどを訪れた。

　第7回の旅行では、2009年3月に同僚らとともに、ヴッパータール大学、およびボーフムのヘーゲル・アルヒーフのヘーゲル研究者を訪問し、ヘーゲルの『論理学講義1831年』について編集者の話を聞いた。またミュンヘンやベルリンで資料調査を行い、ベルリン在住の日本人とも交流した。

　第8回の旅行では、2010年3月に同僚と共にボーフムのヘーゲル・アルヒーフのヘーゲル研究者を訪れ、『論理学講義1831年』について引き続き議論した。またケルンのスポーツ大学の哲学研究者を訪問した。またベルリン等で資料収集を行った。

　第9回の旅行では、同僚と共に2013年3月にケルンのスポーツ大学を訪れ、哲学研究者の主催する研究会で研究発表を行った。私のテーマは「ヘーゲル論理学における主体・矛盾・自由」である。またシュトゥットガルトの「ヘーゲル・ハウス」を再度訪れたり、ベルリンで資料収集などを行った。

　第10回の旅行では、2013年9月にケルンのスポーツ大学を訪れ、ドイツ人研究者の「人間の尊厳」に関する論文について議論した。またボーフムのヘーゲル・アルヒーフでヘーゲル研究者と私の上記の論文について研究交流を行った。

　第11回の旅行はオーストリアのウィーンである。2014年4月にウィーン大学で開催された国際ヘーゲル協会のヘーゲル・コングレスに参加した。ドイツ、アメリカなどの著名なヘーゲル研究者の講演や、日本人を含む若い研究者の発表を聞いた。学会終了後は、美術史博物館やベートーベンゆかりの場所を訪ねたり、国立オペラ劇場（シュターツオーパー）でヴァーグナーの「ローエングリン」、リヒアルト・シュトラウスの「バラの騎士」を、そして民衆オペラ劇場（フォルクスオーパー）でスメタナの「売られた花嫁」を見ることができた。

2 ヘーゲルゆかりの都市を訪ねて

　先に述べたように、1996年9月にヘーゲルゆかりの都市を訪問したが、その中にはその後にも何度か訪れた都市がある。以下ではこれらの都市についての印象を述べたい。

　(a) フランクフルトは、今日、国際空港があり、国際的な商業都市である。ヘーゲルが家庭教師をしたゴーゲル家は、先の中埜肇氏の本によれば、ゲーテの生家（ゲーテ・ハウス）にも近いロスマルクトにあったらしい。ヘーゲルはこの地で「キリスト教の精神とその運命」などの草稿を執筆し、彼の思想形成にとって重要な時期を過ごした。ヘーゲルの時代の後になるが、1848年に「フランクフルト国民議会」が開催された「パウルス教会」や、「大聖堂」が建ち、「レーマー広場」には旧市庁舎などが残されている。このレーマー広場の中央には正義の女神「ユスティシア」が立っている[3]。またフランクフルトには新・旧のオペラ劇場や、「シュテーデル美術館」などがある。この美術館には多くの有名な絵画が常設で展示されているが、その一つにフェルメールの「地理学者」がある。またオペラ劇場ではプッチーニの「蝶々夫人」やリヒアルト・シュトラウスの「サロメ」を見ることができた。

　ドイツ旅行で経験したことの一つは、各都市にオペラ劇場やコンサートホールや美術館・博物館があり、これらの多くは州による運営であるため、安価で楽しむことができることである。それがドイツ人の日常生活の一部になっている。

　1996年9月の旅行では、フランクフルトから足を延ばして、ライン川下りに出かけた。このときはリューデスハイムから観光船に乗り、ローレライを越えてザンクト・ゴアルスハウゼンまで、約2時間の川下りを楽しむことができた。

第1章　ヘーゲルゆかりの都市を訪ねて

私の訪ねたドイツの都市

(b) ハイデルベルクは、1386年創立のドイツ最古の大学をもつ。ヘーゲルが最初に大学教授となった都市である。ヘーゲルはここで『哲学的諸学問のエンチュクロペディー』（第一版、1817年）を出版した。ハイデルベルクは旧市街のいたるところに大学の建物がある。高台には「ハイデルベルク城」がそびえ、ネッカー川をはさんでハイデルベルク城の向いの山の中腹には「哲学者の道（Philosophenweg）」がある。ヘーゲルもこの道を散歩したことであろう。哲学者の道からネッカー川をはさんで見るハイデルベルク城も、ハイデルベルク城から見下ろすハイデルベルクの町の風景も実に美しい。ハイデルベルクは古い大学町らしく、学生酒場や学生牢なども残されている。

　ドイツでは、多くの都市で、戦争によって破壊された古い建物や町並みをみごとに復元している。それに対して、古い町並みを破壊してきた日本との違いを感じざるをえない。

　(c) シュトゥットガルトは、ヘーゲルが生まれた都市である。彼の生家はシュトゥットガルトの市内にあり、今日「ヘーゲル・ハウス」として記念館になっている。私は1996年9月の旅行でここを訪ねた。本書の表紙カバーの「ヘーゲル・ハウス」の写真は、その後2013年3月に訪れたときのものである。ヘーゲル・ハウスにはヘーゲルの書物や記念品、肖像画や、ヘーゲルゆかりの都市の古いエッチングなどが数多く展示してある。また一つの部屋にはヘーゲルの胸像が立ち、その壁には「真理は全体である」や「理性的なものは現実的であり、現実的なものは理性的である」、「世界史は自由の意識における進歩である」などのヘーゲルの有名な言葉が記されている。

　ヘーゲルは、シュトゥットガルトがあるヴュルテンブルク王国の政治にも関心をもって、フランクフルト時代、ハイデルベルク時代に政治論文を書いていた。今日、シュトゥットガルトは、バーデン・ヴュルテ

ンブルク州の州都であり、この州の政治の中心であるだけでなく、メルセデス・ベンツなどの自動車産業をはじめ、西南ドイツの経済の中心となっている。2011年3月の日本の福島第一原発の事故直後、ドイツ全国で脱原発の大運動が起こった。保守的なバーデン・ヴュルテンブルク州でもシュトゥットガルトを中心に大運動が起こり、州議会選挙の結果、脱原発を掲げる緑の党の党首が州政府の首相になった。このことが連邦政府のメルケル首相の脱原発の政策にも大きな影響を与えたと言われる。

　(d) チュービンゲンは、古くからの大学町である。ヘーゲルはここの神学校で学んだ。私は1996年9月にこの神学校（シュティフト）を訪問した。そのときに、チュービンゲン駅から神学校に向かう途中で「シュティフト教会」に立ち寄った。この教会も神学校で学ぶヘーゲルにとって縁の深いものであろう。教会に入るとしばらくして、荘厳なオルガンの音が響いた。それは人を圧倒する響きであり、あたかも天からの響きのようであった。私はキリスト教教会でのオルガンの役割を初めて知る思いがした。そして、ヘーゲルがシェリングやヘルダーリンと共に学んだ神学校を訪れると、その建物はその頃の雰囲気を残していた。また神学校にも近いネッカー川湖畔には「ヘルダーリンの塔」がある。ここで精神を病んだヘルダーリンが暮らしたと言われる。

　1996年9月の旅行では、シュトゥットガルトとチュービンゲンの訪問の後にハイデルベルクにもどり、ハイデルベルクの学生酒場に出かけた。その翌日には、古城街道を走るヨーロッパ・バスで、ニュルンベルクに向かった。ハイデルベルクを出発して朝霧のネッカー川沿いの道を進み、ニュルンベルクに向かう途中に、ハイルブロンやローテンブルクに立ち寄った。ローテンブルクは、旧市街が城壁に囲まれ、赤い屋根の中世の町並みが残されている印象深い町である。

(e) ニュルンベルクは、ヘーゲルがギムナジウムの校長を務めた都市である。1996年9月の旅行では、まず「エギディエン・ギムナジウム」を目指した。ヘーゲルはここで校長を務めながら、哲学等の講義を行い、そして『大論理学』全3巻を完成させた。ニュルンベルクの旧市街にあるインフォメーションでもらった市内地図には「エギディエン・プラッツ」が記されている。私たちはここを目指してゆるやかな坂道を登って、エギディエン・ギムナジウムを見出した。このギムナジウムの正面にはその創立者であり、宗教改革者のメランヒトンの銅像が立っている[4]。しかし、2009年9月に再度訪問したときには、銅像には被いがかけられていた。おそらく傷みが大きくなったのであろう。またこのときに、ギムナジウムの中庭に入ると、中庭に面した壁に「この建物でヘーゲルは1808年から1816年までギムナジウムの校長を務めた」という記念版が掲げられていた。

　エギディエン・ギムナジウムの隣には、ギムナジウムの建物よりもはるかに大きな「エギディエン教会」がある。1996年9月にこの教会の中に入ると、さまざまな教会音楽をテープによって聞くことができる展示が行われていた。ここでも教会と音楽との強い結びつきを感じた。

　また、エギディエン・ギムナジウムの近くに「トゥーハー・シュロス」がある。これは、ヘーゲルの妻となったマリーの実家である。「シュロス」とは宮殿という意味である。古い土地貴族で、その後ニュルンベルクの市長も務めたトゥーハー家の建物として立派なものである。この建物は今日、博物館として公開されており、トゥーハー家の説明と歴史的な記念品が展示されている。しかし、ヘーゲルの妻となったマリーの肖像画は展示物の中には見あたらなかった。

　ニュルンベルクは、旧市街の入口近くに「職人広場」として職人街が保存されており、高台には「カイザー・ブルク」（皇帝の城）がある。また「ゲルマン博物館」や「デューラー・ハウス」もあり、ヴァーグナーの「ニュルンベルクのマイスタージンガー」の舞台となった中世

の町並みが残されている。ニュルンベルクはまたドイツ現代史においても重要な都市である。ヒトラーはこの都市で 1933 年にナチス党大会を開催した。1 週間にわたる催しに 100 万人が参加したと言われる。ニュルンベルクの郊外には「党大会跡地」があり、「ドク・ツェントルム」に展示室がある。また第二次世界大戦後は、ナチスの戦争犯罪を裁く「ニュルンベルク裁判」も行われた。その裁判所も残されている。

私がドイツの都市を訪ねて感じたことの一つは、特にナチスの時代の「過去への反省」の資料が多く残されていることである。

(f) バンベルクは、かつて神聖ローマ皇帝の宮廷がおかれ、大聖堂や司教領主の宮殿もある都市である。レグニッツ川の流域は大変美しく、「小ベネティア」と言われる地区もある。この都市でヘーゲルは新聞の編集者を務めた。大聖堂から南に坂を下った町並みの角に、「この家に 1807-1808 年に哲学者のゲオルク・ヴィルヘルム・フリードリッヒ・ヘーゲルがバンベルク新聞の編集者として住み、ここで彼の最初の主著である精神の現象学を完成した」という記念版を掲げた家がある。私は、中埜肇氏の著書からこの家の情報を知っていた。中埜氏は、ヘーゲルの『精神の現象学』が出版されたのは、彼がバンベルクに移ってからであるが、しかし原稿を完成したのは彼がイェーナにいた頃であるから、この文章の後半は「明らかに誤っている」(151 ページ) と述べている。

その後、加藤尚武ほか編『ヘーゲル事典』(弘文堂、1992 年) の「ヘーゲル詳細年表」を見ると、イェーナでのナポレオン戦争のために、ヘーゲルは 1806 年 11 月半ばに「年末までバンベルクに避難し、校正と序論の執筆に専念する」とある。そして 1807 年 3 月に「バンベルクに移住して、『バンベルク新聞』の編集者となる」とされる。この『事典』の記述に基づくと、ヘーゲルが『精神の現象学』の原稿を最終的に仕上げたのは、避難先のバンベルクであることになる。しかし当該の建物に 1806 年の年末に住んだかどうかは不明である。また原稿を仕上げたの

はバンベルクであったとしても、それは「バンベルク新聞」の編集者になる前であるから、この点では中埜氏が指摘するように、記念版の記述は「誤っている」。

（g）イェーナは、古い大学の都市である。大学の創立は1558年である。ヘーゲルはここで教授資格を取得し、講義を行い、論文を書き、「イェーナ体系草稿」と呼ばれる原稿を書いた。そして大著『精神の現象学』を執筆した。ここでヘーゲルの体系の基礎ができあがった。イェーナ大学は今日、フリードリヒ・シラー大学と呼ばれる。イェーナには創立の頃の大学跡、ヘーゲルの時代からの大学の本館、および戦後、東ドイツ時代に立てられた円柱形の高層ビルの大学（現在はインターショップ・タワーになっている）や新しい大学キャンパスがある。本館の中にはヘーゲルが1801年から1806年までイェーナ大学にいたという記念版や、マルクスが1841年4月15日にイェーナ大学で学位を取得したという記念版などがある。また本館の周囲にはヘーゲルの銅像やブルシェンシャフトの銅像などが立っている。

私は、2002年9月にイェーナ大学で開催された国際ヘーゲル協会のヘーゲル・コングレスに参加し、ヘーゲル・アルヒーフ所長のヴァルター・イェシュケ氏の記念講演をはじめ、各国の若いヘーゲル研究者の発表などを聞いた。また日本人のヘーゲル研究者とも知り合いになった。

（h）ヴァイマールは、ゲーテがその生涯の大半を過ごした都市である。芸術の町としても有名である。ヘーゲルは、1818年にハイデルベルク大学からベルリン大学に移る途中、9月にヴァイマールに立ち寄り、ゲーテから暖かいもてなしを受けたと言われる。この都市に「ゲーテ・ハウス」や「シラー・ハウス」などとともに、「国民劇場」がある。ここで1919年に当時、最も民主的な「ヴァイマール憲法」が採択された。国民劇場の前にはゲーテとシラーの銅像が立っている。

私たちが 1996 年 9 月にヴァイマールを訪れたさいには、ちょうどモーツアルトの歌劇「魔笛」が上演されていた。私はこのときにドイツで初めてオペラを見ることができた。またこのときには、多くの有名人が宿泊した「エレファントホテル」に泊まることができた。私は 2002 年 9 月のヘーゲル・コングレスのときにもヴァイマールの駅前のホテルに宿泊して、イェーナに通った。そして空いた時間はヴァイマールの旧市街に出かけた。

　ヴァイマールでは忘れられないことがある。それは、1996 年 9 月にヴァイマールの郊外の「ブーヘンヴァルト強制収容所跡」を訪れたことである。この強制収容所は郊外の広大な森を切り開いて作られた。約 25 万人のユダヤ人・ナチスへの抵抗者・捕虜などが収容され、6 万 5000 人以上が殺害されたとされる。戦後、強制収容所を解放した連合国軍は、ヴァイマールの市民にこの強制収容所跡を見学させた。市民たちは大変大きなショックを受けたそうである。今日もナチスの犯罪の生きた証拠として重要な意味をもっている。

　(i) ベルリンは、かつてのプロイセンの首都であり、ドイツ帝国の首都であり、今日、統一ドイツの首都である。ヘーゲルは 1818 年 9 月末にベルリンに移り、亡くなる 1831 年 11 月までベルリン大学の教授を務めた。ここで多くの弟子たちを育て、ヘーゲル学派ができた。ヘーゲル自身が出版した著作は多くはない。しかし「歴史哲学」、「美学」、「宗教哲学」、「哲学史」などはヘーゲルの講義によって有名になった。「論理学」、「自然哲学」、「精神哲学」は『エンチュクロペディー』の各部分をテキストとして、「自然法と国家学」は『法の哲学要綱』をテキストとして、その講義によって肉付けがなされた。ヘーゲルはベルリン大学での講義によって哲学体系を展開し、学説を広げることになった。その意味で、ヘーゲル哲学とベルリン大学での講義とは切り離せない関係にある。

ベルリン大学は今日、フンボルト大学と呼ばれる。大学の裏には「ヘーゲル広場」があり、ここにヘーゲルの銅像が立っている。ウンテー・デン・リンデン通りの大学の正面入口を入ったすぐの階段の壁には、マルクスの「哲学者たちは世界をさまざまに解釈したにすぎない。しかし肝心なことは世界を変革することである」という言葉が金文字で記されている。これは東ドイツ時代に作られたものであるが、今日も残されている。そして2010年のベルリン大学創立200周年にあたって、マルクスの言葉がある階段の一段ごとに「階段に注意」という言葉が付けられた。

　ヘーゲルがベルリンで住んだ住居は、今日の「ペルガモン博物館」の向かいで、シュプレー川をはさんだアム・クープファグラーベン通りにある。私は1996年9月の旅行ではこの建物にヘーゲルの住居があったことが分からなかった。中埜氏も「その番地〔4番地〕には家は無く、雑草の生えた空地になっていた」（176ページ）と書いていた。しかし実はこの建物の番地はヘーゲルの頃の4番地から今日の5番地に変わっていたのである。2009年3月にベルリンを訪れたときには、この建物の入口近くに、ヘーゲルがここに住んだという記念版が付けられていた。この建物は現在、フンボルト大学の音楽学とメディア学の教室などになっている。ヘーゲルはベルリンで音楽を好んで聞いたと伝えられている。ウンテー・デン・リンデン通りのベルリン大学の斜め向かいには、ヘーゲルも通った「国立オペラ劇場（Staatsoper）」が建っている。

　ヘーゲルの墓は、ベルリンの中央部を南北に走るフリードリッヒ通りを北上して、ショセー通りになった所の西側にある「ドロテーン市立墓地」の中にある。ベルリン大学の前任者のフィヒテの墓に並んでヘーゲルの墓が立っている。この墓地の近くには、演劇で有名なブレヒトの記念館「ブレヒト・ハウス」がある。

　ベルリンには、多くの美術館・博物館、3つのオペラ劇場、多くの劇場やコンサートホールなどの文化施設があるが。同時に、ナチス時代

の強制収容所跡などの記念物や、東ドイツ（DDR）時代の記念物も多い。経済や政治だけでなく、文化にも力を入れているドイツとともに、「過去への反省」のための現物の資料を残しているドイツの姿がある。

　ヘーゲルのゆかりの都市を訪ねる旅行は、現在のドイツを見る旅でもあり、日本の現状を反省する旅でもあった。

注
1）　加藤尚武ほか編『ヘーゲル事典』（弘文堂、1992 年）の「ヘーゲル詳細年表」など、参照。
2）　中埜肇『ヘーゲル哲学の根本にあるもの』（以文社、1974 年）所収。引用ではページ数のみを記す。引用文中の亀甲括弧〔　〕内は牧野による補足である。中埜肇氏は私の大学・大学院時代の先生である。先生は関西大学教授の時代に京都大学文学部の非常勤講師もされ、演習でヘーゲル『法の哲学』をテキストとして使用され、また学生が企画した講演会でドイツでのヘーゲル生誕 200 年を記念するシンポジウムの話などを聞かせていただいた。この本にはこのシンポジウムの紹介も収録されている。
3）　後に尼寺義弘・牧野広義・藤井政則『経済・環境・スポーツの正義を考える』（文理閣、2014 年）を出版したが、その表紙カバーに、藤井氏が撮影していたこの正義の女神「ユスティシア」の写真を使用することになった。
4）　私は、『ヘーゲル論理学と矛盾・主体・自由』（ミネルヴァ書房、2016 年）を出版した。この本の表紙カバーに、1996 年 9 月に撮影したエギディエン・ギムナジウムの写真を載せた。本書第 1 部のとびらの写真は 2013 年 3 月のものである。

補論　　ドイツで「過去への反省」にふれる

はじめに

　私は、これまでヘーゲルゆかりの都市を訪ねる旅をしたり、大学で共同研究を行っている同僚と共にドイツに出かけました。共同研究の目的はドイツのヘーゲル研究者と交流し、またその研究者を日本に招聘して、日本で講演会を開く準備をすることなどです。日本で講演をしていただいたドイツの研究者から、私たちにドイツで話すように言われて、同僚と共にドイツ語の原稿を準備して講演をしたこともあります。

　ドイツを訪問して、予定のない日はいろいろな博物館や強制収容所跡などを訪ねました。ここではドイツにおける「過去への反省」にふれた点を報告したいと思います。

1　ボンでドイツの歴史をふり返る

　ボンは、旧西ドイツの首都ですが、ライン川流域の小さな都市です。西ドイツは、各州の自治を重視する連邦制をとっているので、連邦政府は小さな都市であるボンにおき、また、いずれドイツが統一すれば、首都はベルリンになるので、西ドイツの首都はボンにしたと言われます。

　ボンには、マルクスも学んだ「ボン大学」があります。また戦後、「ドイツ連邦共和国歴史博物館」が作られました。ここではドイツの戦後の歴史が当時の写真・録音・資料・現物・復元模型などによって体験できます。この中には1970年に当時の西ドイツのヴィリー・ブラント首相がポーランドのユダヤ人犠牲者記念碑を訪れ、跪いて謝罪した写真も展示されています。また、ベルリンの壁の建設などの東西ドイツの対

立から、ベルリンの壁の崩壊とドイツ統一に至る歴史も、豊富な資料でたどることができます。有名な「われわれが人民だ（Wir sind das Volk）」というスローガンから「われわれは１つの国民だ（Wir sind ein Volk）」というスローガンに変わった、デモの横断幕も展示されています。さらに労働運動とかかわって、週休２日獲得のために、1956年のメーデーで男の子が「土曜日のパパはぼくのものだ」と言っているポスターもあり、その記念品（絵葉書やマグカップ）も売店にあります。

ボンには「ベートーベン・ハウス」（彼の生家で記念館）もあります。私はここを２回訪れました。2009年３月の訪問は幸運でした。それは、第一次世界大戦で日本軍の捕虜となったドイツ兵が日本側の丁重な扱いを受け、徳島県の地域の人々とも交流し、ベートーベンの第九交響曲を日本で初演した「板東ドイツ兵俘虜収容所」の展示が行われていたことです。この展示を見ていると、ベートーベン・ハウスを訪れていた日本人の若者が「これは映画の『バルトの楽園』の話ですか」と聞いてきました。彼も感動したようです。

2　ベルリンで「過去への反省」にふれる

ベルリンに最近、中央駅ができました。中央駅を降りると近くに「首相府」や「連邦議会議事堂」などがあります。新しく再建された連邦議会議事堂には多くの見学者が行列をつくっていました。1933年２月に国会議事堂炎上事件が起こりました。ヒトラー政府はこれを国家転覆の陰謀だと決めつけて、ヒンデンブルク大統領を利用して「大統領緊急令」を発動させ、共産党を初めとした左翼に大弾圧を加えました。こうした弾圧を行ったうえで、ヒトラーは同年３月に国会で「全権委任法」を成立させました。これによってヴァイマール憲法を実質的に停止して、ナチスによる独裁体制をつくったのです。

「連邦議会議事堂」の東には、かつて東西ベルリンを分けていた「ブ

ランデンブルク門」があります。ブランデンブルク門のすぐ南には「ユダヤ人犠牲者記念碑」があり、2711本ものブロックが広がっています。これは2005年に完成しました。ドイツは今も「過去への反省」を続けています。これを日本にあてはめれば、国会議事堂の近くに日本の侵略戦争による虐殺犠牲者の記念碑を立てるようなものでしょう。

　ベルリンの郊外には「ザクセンハウゼン強制収容所跡」があります。ここでは10万人以上のユダヤ人が虐殺されました。この強制収容所跡は、ベルリンの北に向かう地下鉄の終点の駅オラニエンブルクから歩いて行ける所にあります。ここは2002年3月に訪れました。

　2009年3月には「プレッツェンゼー記念館」を訪問しました。ここはナチスに対する抵抗運動の活動家を収容し、2891人を処刑した場所です。犠牲者の写真・経歴や「死刑判決文」が展示されています。その中でドイツ共産党員が目立ちました。ドイツでは首都ベルリンにこのような強制収容所跡や弾圧の記念館を保存し、子どもたちの教育の場にもしています。

　ベルリンの中心部にあるフンボルト大学本部も何度か訪問しました。この建物の中央階段の壁に、マルクスの「哲学者たちは世界をさまざまに解釈したにすぎない。しかし肝心なことはそれを変革することである」という言葉があることは有名です。2009年3月の訪問で驚いたのは、正面玄関を入ったホールいっぱいに「ラーヴェンスブリュック強制収容所」の展示が行われていたことです。この収容所はベルリン郊外にありました。ここには女性が収容され、強制労働をさせられ、6～7万人が虐殺されました。その中には収容所で生まれた赤ん坊も多く含まれています。彼らの誕生日と死亡日も展示の中に記されています。

　ベルリンには、このようなナチスの犯罪を記憶する施設とともに、ナチスの支配に抵抗して闘った人々の記憶も残されています。その一つが「抵抗博物館」です。それは、ベルリン中央部の「ティーア・ガルテン」（旧狩猟区）の南のシュタウフェンベルク通りにあります。この通りの

名前になっているシュタウフェンベルクは、ヒトラー暗殺計画を実行したドイツ軍大佐です。この計画が失敗してシュタウフェンベルクらは処刑されました。彼が活動し処刑されたドイツ国防省の建物の一部が「抵抗博物館」になっています。ここには「白バラ通信」を発行して抵抗したショル兄妹らをはじめとして、多くの抵抗グループが紹介されています。日本にも軍部のファシズムと闘った人々が少なからずいますが、その人たちを記憶する公的な施設がないのは残念です。

3　美術館とオペラ

　芸術も重要な体験です。ベルリンをはじめドイツには多くの美術館がありますが、ここではその一部についてのみ記します。2009年3月にドイツを訪問したおりに、ケルンとベルリンにある「ケーテ・コルヴィッツ美術館」を訪ねました。ケーテ・コルヴィッツは、農民や労働者とその闘いや、子どもを守る母親の姿などを描いた画家です。美術館ではその生涯と作品がたどれます。ここにも多くの人が訪れ、今なお多くのドイツ人が彼女の作品に共感を示していることが分かります。ケーテ・コルヴィッツは、ベルリンのウンター・デン・リンデンにある「ノイエ・ヴァッヘ」の中にある戦争の犠牲者を追悼するピエタ像の作者でもあります。

　ベルリンでのもう一つの芸術体験はオペラです。ここでは、2009年3月に特に印象に残ったものを記します。それは、国立オペラ劇場でダニエル・バレンボイムが指揮して上演された、ヴェルディの「アイーダ」です。歌劇「アイーダ」は、エチオピアの王女でエジプトの奴隷となっているアイーダとエジプトの将軍ラダメスとの、両国の戦争をめぐる悲劇です。バレンボイムの指揮には明確な「反戦」を感じました。有名な凱旋行進曲もけっして勇ましくありません。凱旋の舞台もエジプトの勝利を華々しく祝うよりも、戦争の犠牲者や捕虜の哀れな姿が目立ちまし

た。オペラ全体が戦争の悲劇を訴えるものになっていました。

　バレンボイムはユダヤ人ですが、イスラエルとパレスチナの和解のために取り組んでいます。彼が指揮をした2009年のウィーン・フィルハーモニーの「ニューイヤー・コンサート」で、彼は「中東に平和と正義を」という挨拶をしました。ベルリンの国立オペラ劇場でそのような指揮者が市民の大きな支持を受けて活躍していることは注目すべきことです。

4　ダッハウ強制収容所跡など

　私は、1996年9月のドイツ旅行のおりに、ニュルンベルクも訪問しました。ニュルンベルクはナチスが政権獲得後、毎年、党大会を開き、またここでナチスが独占する国会を開いて、ユダヤ人を迫害する「ニュルンベルク人種法」を制定した都市です。その「党大会会場跡」が残されています。また戦後にナチスの戦争犯罪を裁いた「ニュルンベルク裁判」が行われた裁判所もあります。また、1996年9月の旅行では、ヴァイマール郊外のブーヘンヴァルト強制収容所跡も訪れました。

　2009年3月にミュンヘンを訪れたおりには、ミュンヘン郊外の「ダッハウ強制収容所跡」を見学しました。ここは最も早くつくられた強制収容所で、ナチスに抵抗するドイツ人や外国人、ユダヤ人らが収容され、7万人が虐殺されました。現在、バラックが一部復元されたり、ガス室や焼却炉などが残されているだけでなく、大変詳しい展示があります。それはヴァイマール共和国からナチスが登場し、政権を獲得して侵略戦争を起こした歴史と、ダッハウ強制収容所の様子が展示されています。ここで行われた人体実験の詳しい記録も残されています。また収容された人々や犠牲になった人々の詳しい紹介があります。

　その中で目についた一つが、神学者のマルチン・ニーメラーと彼の言葉です。彼は「ナチスが共産主義者をつかまえたとき、私は沈黙し

た。私は共産主義者ではない。ナチスがユダヤ人をつかまえたとき、私は抗議しなかった。私はユダヤ人ではない。ナチスが私をつかまえたとき、抗議するものはもう誰もいなかった」（ダッハウでの私のメモによる）と言いました。彼は強制収容所から生還でき、歴史の教訓としてこの有名な言葉を語ったのです。ここには一日では見切れないほどの豊富な展示があります。

　ベルリンのザクセンハウゼンでも、ダッハウでも、子どもや若者の団体が多く目につきました。彼らは学校の春休みを利用して見学を行っていました。ドイツではネオ・ナチの動きも目立ちます。しかし自分の目で歴史の真実を確認できれば、ナチスの犯罪はなかったなどという「歴史修正主義」は通じないと思います。この点でも、歴史の真実をしっかりと学ぶ機会がほとんどない日本の子どもや若者との差を感じてしまいます。

第2章

ヘーゲル哲学と女性
── ベルリンの「女の会」にて ──

はじめに

　私は、2009年3月にドイツを訪れたおりに、ベルリンの「女の会」で話をする機会があった。「女の会」は、国際結婚をしてベルリンで暮らす日本人の女性たちが、国籍法の勉強をする集まりから始まり、人権問題などに取り組んでいる団体である。この会について、ベルリンのフンボルト大学に留学中であった藤井稲氏から紹介され、この会で講演することを依頼された。私はヘーゲル哲学の研究と結びつけて、「ヘーゲル哲学と女性」というテーマで講演をした。以下はそのときの原稿である。

1　ドイツのヘーゲル研究と女性

　私は、阪南大学で一般教育の「倫理学」・「論理学」などを担当しています。研究の中心はヘーゲル哲学です。私は若い頃にドイツに留学する機会がありませんでした。1996年に初めてドイツを訪れ、ヘーゲルゆ

かりの都市を訪問しました。短期の滞在は今回で7度目になります。本日は「ヘーゲル哲学と女性」というテーマでお話をさせていただきます。

　ドイツでも哲学研究者の中で女性は少数です。しかしヘーゲル哲学の研究では、女性が重要な役割を果たしています。G. W. F. ヘーゲル（1770-1831）が自分で出版した哲学の著作は『精神の現象学』（1807年）、『大論理学』（1812-16年）、『哲学的諸学問のエンチュクロペディ』（1817年、27年、30年）、『法の哲学』（1821年）だけです。彼の哲学は多くの草稿や講義録から知られています。そのため、著作とともに草稿や講義録の研究が重要な意味をもちます。

　1960年代以降、ヘーゲルの文献学的研究が進みました。そこで重要な役割を果たした一人が、ギゼラ・シューラー（Gisela Schüler）という女性研究者です。彼女は、執筆年が書かれていないヘーゲルの若い頃の草稿での字体の変化に注目しました。ドイツ語の同じアルファベットでもヘーゲルの年代（ベルン期、フランクフルト期、イェーナ期など）によって字体が少しずつ変化しています。彼女はその変化を詳細にたどることによって、草稿の書かれた年代を決定しました。それは、ヘーゲルの思想形成過程についての当時の通説をくつがえす画期的な業績でした。このような業績に基づいて新しい『ヘーゲル大全集』（G.W.F. Hegel, Gesammelte Weke, Felix Meiner Verlag）の編集が行われています。また、草稿に基づく思想発展の研究が一つの重要な流れとなりました。

　その後、注目されるのが、ハイデルベルク大学とベルリン大学でヘーゲルが行った講義の学生による筆記録です。アンネマリー・ゲートマン＝ジーフェルト（Annemarie Gethmann-Siefert, ハーゲン大学教授）は、ヘーゲルの「美学講義」の筆記録の編集と研究を行っています。彼女は、ヘーゲルが亡くなった直後に弟子が編集した講義録の問題点を鋭く指摘し、新しく発見された講義録を彼女自身が編集し、ヘーゲル美学の新しい研究を行っています。

　また、エリザベート・ヴァイサー＝ローマン（Elisabeth Weisser-

Lohmann, ハーゲン大学講師）は、ヘーゲルの法哲学の研究者として有名です。彼女は、ヘーゲルがハイデルベルク大学やベルリン大学で行った法哲学講義の筆記録に基づいて、ヘーゲルが市民社会や国家について、当時の政治状況の中で画期的な学説を展開したことを明らかにしています。阪南大学の同僚の先生が 2007 年 3 月に大学の外国研究者短期招聘制度を利用して彼女をお招きしました。大学での講演では「市民社会と憲法体制」というテーマで、ヘーゲルの社会哲学の意義を明らかにされました。

さらに、現在刊行中の『ヘーゲル大全集』のためにヘーゲルの「論理学講義」の編集を行っている研究者が、アンネッテ・ゼル（Annette Sell, ヘーゲル・アルヒーフ共同研究員、ルール大学講師）です。ヘーゲル論理学は彼の学問分野の中でも最も抽象的な学問であり、最も難しい分野です。その分野を女性の研究者が担当しているのです。

2　ヘーゲルの女性論

ところが、ヘーゲル自身は女性について強い偏見をもち、一面的な議論をしていました。彼は『法の哲学』で社会的倫理を論じました。その中で、社会の現実と合致した倫理を論じる「人倫（Sittlichkeit）」は「家族、市民社会、国家」として展開されます。

「家族」について彼は、まず男性と女性との合意にもとづく婚姻によって家族が成立すると考えます。家族の原理は、他者との一体性の感情である「愛」です。そして一夫一婦制の意義や、離婚の自由、家族の資産による子どもの養育、子どもの成長による家族からの独立などを論じました。しかし同時に、家族の長は男性であり、男性は職業をもって働き、女性はあくまでも家庭の仕事を行うべきだと主張しました。つまり近代家族における性的役割分担の主張です。彼によれば、女性は学問や政治には向いていないとされます。講義の中でヘーゲルは、女性が国

家の頂点に立つと国家が危うくなるとも言っています。

　そして、多くの家族から「市民社会」が成立します。ヘーゲルによれば、家族の代表である男性が、個人として市民社会に参加することになります。市民社会では、欲求を充足するための労働が行われ、厳しい労働をとおして市民の教養形成（Bildung）が行われます。ヘーゲルは、当時のイギリスの資本主義も研究しました。そのため、市民社会は「富の過剰と貧困の過剰」をつくりだすと言います。また市民社会の中では「司法」が活動し、「内務行政（Polizei）」が社会政策や貧困対策を行います。商工業市民の「職業団体（Korporation）」も重要な役割をはたします。そして市民社会は海外へも乗り出して植民も行います。しかし、それでも市民社会の貧困問題は解決されないとされます。

　そこで、「国家」が社会全体のために重要な役割を果たします。ヘーゲルの主張する国家体制は「立憲君主制」です。ここでは、君主権・立法権・統治権が国家権力の統一をつくりだすとされます。立法権をもつ議会には、土地所有農民の代表（上院）と、商工業者の職業団体から代表（下院）が選出されるとされます。

　こうしてヘーゲルでは、女性は「家族」の中にのみ地位をもち、市民社会からは排除され、またその代表者たちが構成する議会からも排除されます。ここに19世紀初めのヘーゲルの社会論の重大な欠陥があります。このような議論がその後も引き継がれました。

3　ヘーゲル哲学と女性

　今日、ヘーゲルの女性論や社会論をそのまま認める研究者はいないと思います。しかし、ヘーゲルの理論を現実にどのように乗り越えるかは困難な課題です。日本の保守的な政治家や財界人は、いまだに性的役割分担を言い、女性を家庭にとじこめる主張をし、女性は「子どもを産む機械」だとも言います。女性と若者の多くがワーキング・プアになり、

女性が大学や企業で、また政治家や行政職として活躍する場面は、まだまだ制限されています。

　しかし、ヘーゲルの理論の中に、女性の権利を確立する手がかりもあると思います。それは、市民社会の中で社会政策を担当する「内務行政」や、市民の自主的組織（アソシエーション）である「職業団体」などです。今日、社会政策は子どもの養育を社会の責任とし、女性の職業を保障しなければなりません。また市民の自主的組織や労働組合、NGO や NPO の活動によって、女性の社会的活動を支える必要があります。さらに企業における長時間労働の廃止によって、男性が家事労働や子育てを分担できるようにしなければなりません。日本では教育をめぐる格差や大学の超高学費の解消も重大な課題です。

　ヘーゲル研究に話をもどしますと、女性のヘーゲル研究者もしだいに増えており、そのいっそうの活躍が期待できます。今日、女性研究者がヘーゲルの難解な学説を理解し、その意義を明らかにしてくれていることに、ヘーゲル自身が驚き、感謝することでしょう。

第3章

本物だった講義録
── 『ヘーゲル法哲学講義録 1819-20 年』について ──

はじめに

　ここで取り上げるヘーゲル法哲学の講義録は、ディーター・ヘンリッヒ編『ヘーゲル法哲学講義録 1819-20 年』（ズールカンプ・フェアラーク、1983 年）[1]である。私は、この講義録が出版されてまもなく日本の輸入書店から購入していた。そして 1994 年から大阪経済法科大学の同僚であった中村浩爾、形野清貴、田中幸世の各氏と本書の講読を始めた。そして、講読を進めるうちに、この翻訳を行おうということになった。私たちは、この講義録はヘーゲルの『法の哲学要綱』の内容と一致するものであり、それを多くの具体例を使って分かりやすく解説したものであると理解していた。

　ところが、この翻訳の進行中に私たちは、この講義録は本当にヘーゲルの講義についての筆記録なのかについて、ドイツの研究者から強い疑義が出されていることを知った。もしもこの疑義が正しければ、私たちはいわば偽書を翻訳していることになる。

　しかし幸いなことに、ヘーゲルの同じ講義についての別の筆記録（リ

ンギア筆記録）が 1997 年にスイスで発見され、それが 2000 年にドイツで公刊された。講義録の編者であるヘンリッヒは、私たちが要請した「日本語版への序文」（2001 年）の中で、この講義録は「本当にヘーゲルの講義のみに由来するテキストなのかどうかという疑念」は「解消した」と伝えてくれた。これらによって、私たちの翻訳の努力が無駄ではないことが分かった。そして私たちはこの翻訳書を 2002 年に法律文化社から出版した[2]。

　ここでは、この講義録について紹介したい（以下の説明は、形野氏と共同で執筆した先の「訳者解説」を利用しており、それと一部重複することをご了承願いたい）。

1　ヘーゲル法哲学講義録 1819-20 年の出版の経過

　ヘーゲルはベルリン大学で 1819-20 年の冬学期に「自然法と国家学あるいは法哲学」という題目で講義を行った。この講義は、1819 年の 10 月 25 日から 1820 年の 3 月 18 日まで、クリスマス休みを挟んで、週 5 回ずつ 16 時から 17 時まで行われた。この講義には 53 名の聴講生がいた。

　私たちが翻訳したヘーゲル法哲学講義録は、この講義の筆記録である。この筆記録を作成した学生の氏名は不明である。講義の聴講生である学生は、講義中に筆記したノートを職業的な筆耕者によって清書してもらい、講義録として完成させた。この講義録は、「法哲学と政治学、ヘーゲル教授によって 1819-20 年冬学期にベルリンにて講義される」という表題のついた冊子として製本されて、保存された。それがその後、どのような経緯をたどったかは不明であるが、ある時期にアメリカに渡って、1896 年以来インディアナ大学のリリー図書館の所蔵となった。

　その後、1970 年代に、ドイツの研究者によって、アメリカに渡ったヘーゲルの資料を探索する努力が行われた。この講義録は、その組織的

な探索とは別に、ヘンリッヒの問い合わせによって発見されたものである。しかし講義録の原本は、そのままでは理解しえない個所もあり、また清書に当たってノートで使用された略語の解読に混乱もあった。そのため、ヘンリッヒは講義録の原本に多くの校訂を加え、また編者による解読の根拠を示すなど多数の注釈を付け、さらに長文の編者序論を本文の前において、1983年に出版したのである。その意味で、本講義録は、元のノートの筆記者名も不明なこともあり、「ヘンリッヒ版」と呼ぶのがふさわしいであろう。ヘンリッヒも「編者序論」の最後で、草稿の出版とその「後見役（Curator）」の承認について謝辞を述べている（S.38、285ページ）が、本講義録はヘンリッヒの編集に負うところが大きいと言える（ただし、以下ではドイツでの慣例に従って、原本が発見されたインディアナ大学の名をとって「インディアナ筆記録」と呼ぶことにする）。

2　ヘーゲル『法の哲学要綱』と講義録との関係

　ヘーゲルは1820年に（1821年と印刷して）『法の哲学要綱あるいは自然法と国家学概要』[3]を講義用のテキストとして出版した。1819-20年講義録は、その直前の講義録であり、またヘーゲルの法哲学に関する第3回目の講義録となる。その点で、この講義録は、出版された著作との関連でも、またヘーゲルがハイデルベルク大学やベルリン大学で行った他の「法哲学講義」と比較する上でも、興味深いものである。

　ヘーゲルが7回にわたって行った「法哲学講義」とその筆記録、および『法の哲学要綱』を年代順に並べると、次のとおりである。第1回講義はハイデルベルク大学であり、その後はすべてベルリン大学である。なお第7回講義はヘーゲルの死亡（1831年11月14日）によって、わずか2回で中断された。

　　第1回講義　1817-18年冬学期　ヴァンネンマン筆記録

第2回講義　　1818-19年冬学期　　ホーマイヤー筆記録、ヴァンネン
　　　　　　　　　　　　　　　　　　　マン筆記録
　　　第3回講義　　1819-20年冬学期　　インディアナ筆記録（筆記者不詳）、
　　　　　　　　　　　　　　　　　　　リンギア筆記録
　　　『法の哲学要綱』出版　1820年12月
　　　第4回講義　　1821-22年冬学期　　キール筆記録（キールにあるシュレ
　　　　　　　　　　　　　　　　　　　スヴィヒ・ホルシュタイン州立図書
　　　　　　　　　　　　　　　　　　　館蔵の筆者不明の筆記録）
　　　第5回講義　　1822-23年冬学期　　ホトー筆記録、ハイゼ筆記録
　　　第6回講義　　1824-25年冬学期　　グリースハイム筆記録
　　　第7回講義　　1831年冬学期　　　シュトラウス筆記録

　このように、ヘーゲルは彼の「法哲学」をまず講義によって展開したのであり、『法の哲学要綱』は講義用のテキストにすぎない。その点で、ヘーゲルの没後、「故人の友人の会」によって最初のヘーゲル全集が刊行された際、『法の哲学要綱』を編集したエドゥアルト・ガンスは、ホトーやグリースハイムの筆記録の一部を各パラグラフの「補遺」として追加したのである。それがその後の版でもほぼ踏襲されてきた。しかし今日、ヘーゲルの「法哲学」の理解にあたっては、その内容の理解のためにも、その形成・展開過程をとらえるうえでも、各講義録の研究が不可欠となっている。第3回講義録はその中の重要な位置にあると言える。
　また、第3回講義は、その時期の政治的背景との関連でも重要である。
　1815年にナポレオン軍がワーテルローの戦いで破れた。この年にオーストリアのメッテルニヒを中心に「神聖同盟」が結成されて、王政復古の反動が始まる。ドイツでは1815年に「ブルシェンシャフト」（学生連盟）が結成されたが、ブルシェンシャフトの活動家ザントによるロシア公使館顧問コッツェブー殺害事件（1819年3月）が起こった。これを機にブルシェンシャフトの活動家や彼らを支持する教授らに対する政府

の弾圧が強化された。ヘーゲルの友人のアスヴェルスの逮捕（4月）、弟子のヘニングの逮捕（7月）、友人のウルリヒの逮捕（7月）、同僚のデ・ヴェッテ教授の解任（9月）などが続き、ヘーゲルは彼らの支援のために尽力している。そしてこの直後の10月にヘーゲルの法哲学第3回講義が始まる。講義期間には弟子のカロヴェも当局による調査を受けている（11月）。

　そして、神聖同盟のもとで、出版物の検閲強化などを含む「カールスバート決議」（1819年8月）が行われ、これがフランクフルト連邦議会の決議ともなった（同年9月）。ヘーゲルは、『法の哲学要綱』を同年秋に出版することを告げ（1819年3月26日付ニートハンマー宛書簡）、また冬学期の講義を「近く出版される要綱による」と発表していた。にもかかわらず、その出版は延期された。そして彼は、「私は連邦議会の決議が到着したときに、印刷に回そうと思いました。今や我々はどこに検閲からの自由をもっているか〔を知っている〕ので、今や私は〔それを〕近々印刷に回すでしょう」（1819年10月30日付クロイツァー宛書簡）と言っていたが、その出版は翌1820年の12月末となったのである。

　第3講義は、ヘーゲルがこのような政治的背景のもとで『法の哲学要綱』の出版を準備していた時期と重なる。この講義と著作との異同は興味深いものである。この点で、ヘーゲルの第2回、第5回、第6回、第7回の法哲学講義録を編集し、また後に第1回講義録も編集した、カール－ハインツ・イルティングは、ヘーゲルの講義録におけるリベラルで進歩的傾向と、著作における保守的な傾向との相違を、「ヘーゲルの政治的立場の変更」として、その政治的背景から説明した[4]。彼は、ヘーゲルが『法の哲学要綱』の出版に当たって、原稿を改作して、復古政治に順応したと主張する（S.102）。このような仮説の当否を検証するうえでも、本講義録は極めて重要な位置を占めている。

3　本講義録の文献学的評価について

次に、本章の冒頭で述べた、本講義録の文献学的な信頼性にかかわる問題に触れておきたい。

この講義録が出版された直後、日本では加藤尚武氏が「いま新しい資料は真のヘーゲル像の薄皮を一枚一枚はがすように明らかにしつつある」[5]と評価した。また、この講義録は内外のヘーゲル研究者によって広く利用されてきた。

しかし、ドイツの研究者から、この講義録の文献学的な信憑性について、強い疑義が提出されていた。ボーフムのヘーゲル・アルヒーフの研究者（当時）のエリザベート・ヴァイサー－ローマンは、(1)この講義録は、パラグラフによる編成になっておらず、むしろ講義の後で前年の講義録からパラグラフ数字が付け加えられたこと、(2)この講義録の「法哲学と政治学」という表題はヘーゲル自身の講義題目とは異なり、むしろ弟子のレオポルド・フォン・ヘニングが「政治学と自然法」という題目でヘーゲルの復習講義をしていたことから、この講義録はそれらの「資料の寄せ集め」であると評価した[6]。

同じくヘーゲル・アルヒーフの所長（当時）のオットー・ペゲラーも、文献学的には同様の評価をし、このような「資料の寄せ集め」において体系化の道程のための議論をしようとするのは無駄な努力である、と論じた[7]。

これらの文献学的な評価は、その後、日本でも紹介されてきた。山崎純氏は、本講義録に対するヴァイサー－ローマンらの評価を踏襲しながら、さらに、ヘンリッヒがこの講義録に貧民の革命権を読み込む解釈をしていることも根拠にして、そのような講義はブルシェンシャフトのメンバーでありデマゴーグの容疑で投獄された経歴をもつヘニングのものであった可能性が高い、と述べた[8]。

第 3 章 本物だった講義録

　しかも、この講義録については編者のヘンリッヒ自身が次のように指摘している。すなわち、元のノートを筆記した学生は、講義課程の最初のころはヘーゲルの講義を理解できず、十分な熱意もなく、おそらく数時間は欠席したと思われる。しかもその学生の依頼で職業的な筆耕者が筆記録を完成させたのであるが、そのさい、筆耕者によるノートの解読や筆記にも少なからぬ問題点があった。そのためにヘンリッヒはその原文草稿の校訂のために多大の努力を行ったのである。このような事情も、この講義録への文献学的な信頼性を減じるものとなってきた。

　しかしながら、1997 年になって、同じ第 3 回講義についてのヨハン・ルドルフ・リンギアによる筆記録が発見され、2000 年に出版された[9]。これによってヘンリッヒ編の講義録に対する文献学的な信頼性は大きく変わった。ヘンリッヒ編の講義録がヘーゲル自身による第 3 回講義の筆記録であることが確証されただけでなく、ヘンリッヒによる校訂の妥当性も裏付けられたのである。

　このリンギア筆記録の編者は、緒論で次のように述べている。「この〔リンギア筆記録の〕幸運な発見によって、今や同じ講義の二つの筆記録が利用できる。それらは興味深い仕方で補完しあっており、それらの比較によって元の講義テキストをそれに近い形で再構成することができる。二つの講義録は、一部では、個々の命題の言葉づかいや定式化まで一致しているのが確認され、別の文章では、違った仕方の細部表現や議論や思考過程を書き留めたり、異なった力点を置いたりすることによって、内容豊かな補完関係を示している。しばしば、一方の草稿において不明確なままの個所を、比較によってはっきりさせることが可能である。ヘンリッヒが聞き間違いや読み違いとして注記した、明らかに誤りのある定式化のいくつかは、リンギアの該当個所によって直接に訂正されうる。逆に、リンギアの草稿において空白の（明らかに後から補充されることになっていた）ページによって表示されている、かなり長い脱落は、ヘンリッヒ版によって補完されることができる」(S.XVII)。

このようにして、ヘンリッヒ版インディアナ筆記録とリンギア筆記録とは相補ってヘーゲルの第 3 回講義を再現するものとなっているのである。その後、『ヘーゲル大全集』第 25 巻にインディアナ筆記録とリンギア筆記録が相補い合うものとして収録されている[10]。

4　本講義録の特徴

本講義録は、形式上、法哲学の他の講義録や著作と違って、パラグラフ（§）区分による展開になっていないのが大きな特徴である。著作の出版以前の講義録は、ヘーゲルが口述筆記させたパラグラフに分けて展開され、また著作の出版後の講義録ではテキストのパラグラフに対する解説の形を取っている。それらに対して、本講義録では、パラグラフの区別がなく、各章、各節の内容が連続して論述されている。

本講義録がそのような形式を取ったのは、ヘーゲルが講義予告において「近く出版される要綱による」としているように、著作の出版が近いことを前提にして、あえて時間のかかるパラグラフごとの口述筆記を行わなかったからだと考えられる。この点はヘンリッヒも述べている（S.28, 275 ページ）とおりである。

しかしヘンリッヒが言うように、ヘーゲルが講義のスパイを気遣って、パラグラフの口述筆記という確定的な記録を残そうとしなかった（ibid., 同上）からかどうかは疑問である。講義そのものが極めて明快であることを考えると、この推測は妥当ではないように思われる。むしろ、ヘーゲルは、パラグラフによって講義内容が分断されるよりも、連続した思考の流れの中で講義を展開することを主眼としたからだと言えるであろう。このような講義形式は、「歴史哲学講義」、「美学講義」、「宗教哲学講義」、「哲学史講義」でも取られており、それらの人気は高かったのである。

そして本講義録は、口述筆記やパラグラフによる展開でないために、

ヘーゲルが具体例や歴史的事例を交えながら平易に講義し、それを学生が聞き取ってノートしたものが基礎となっている。そのため、学生がどこまで正確に聞き取ってノートしたか、個々の用語や命題がどこまでヘーゲル自身のものに忠実か、という文献学的な問題点は残る。実際に、同じ第三講義の筆記録でありながら、ヘンリッヒ版とリンギア筆記録では、少なからぬ相違点があるのである。

しかしながら、ヘーゲルの連続的な講義からくる論述の流れ、平易さ、論述の中に織り込まれる具体例の豊富さなどは、本講義録の重要な魅力になっている。そして、ヘーゲル法哲学の理論的な論点においても、本講義録は独自の論点を提供しており、その内容も十分に検討されるべきであると思われる。

5　本講義録の理論的問題

本講義録の理論的特徴について、ヘンリッヒも編者序論で詳細に論じている。ここでは、ヘンリッヒの主張も含めて検討しておきたい。

(a) 理性と現実の二重命題

まず、本講義録で注目されるのは、「緒論」における理性と現実との一致を説く二重命題である。『法の哲学要綱』「序文」における「理性的なものは現実的であり、現実的なものは理性的である」（S.24, 160 ページ）という命題は、ヘーゲルの言葉の中でも特に有名で、さまざまな議論を呼んだものである。ヘーゲルは『エンチュクロペディ』第二版（1827 年）および第三版（1830 年）[11]において、その「序論」§6 で注釈を加えて「この簡単な命題が幾人かの人を驚かせ敵意をおこさせた」（S.47, 69 ページ）として、その命題について説明を行っている。

それに対して、本講義録では、この命題は「理性的なものは現実的に

なり、現実的なものは理性的になる」（S.51, 5 ページ）と表現されている。著作の「ある（sein）」が本講義録では「なる（werden）」と表現されるだけで、この命題ははるかに明快なものになっている。

　ヘンリッヒは、著作の二重命題は「歴史理論的」に始められながら、「制度理論的」に定式化され、「勅命的・宣言的」な響きをもっているが、それに対して本講義録の二重命題は「純粋に歴史理論的な意味」において現れ、「理性形態の現実化への運動」と「現実の理性形態化の運動」を理性過程の二つの側面として把握する論理から生じている（S.14, 261～262 ページ）としている。

　しかし、このようなヘンリッヒの理解には問題があると思われる。

　第一に、ヘーゲルの法哲学を貫く論理は、現実の論理構造を把握するものであって、歴史理論ではない。また制度理論という理解も狭すぎると思う。ヘーゲルが「法哲学」（哲学体系上は「客観的精神」）として論じる、「抽象法」、「道徳」、「人倫」（「家族」・「市民社会」・「国家」）という体系は、近代社会における理性的かつ現実的な原理を論じたものであり、決して歴史理論でも単なる制度理論でもない。

　第二に、二重命題における「理性的なもの」の現実化は、ヘンリッヒが言うような「意識の優位性」や「意識から生じる」（ibid., 261 ページ）ことを意味しない。ヘーゲルにおいて「理性的なもの」とは現実を支配し、現実に現れる存在論的原理を意味する。そのことは、著作の「序文」における「存在するところのものを概念的に把握するのが、哲学の課題である。なぜなら存在するところのものは理性だからである」という言葉からも明らかであろう。また、そのことを言うために、ヘーゲルは『エンチュクロペディ』での説明では「神の世界支配」（S.47, 69 ページ）という宗教的表象を想起させている。宗教での「神」はヘーゲル哲学では「理性的なもの」を意味する。「理性的なもの」はそのような現実の理性的原理なのである。

　第三に、したがって二重命題における「ある」よりは「なる」の方が

はるかに分かりやすいとはいえ、そこに根本的な差異があるわけではないと思われる。「なる」という命題も、ヘンリッヒの言うような歴史理論的なものではなく、理性が現実を支配しているからこそ、理性が現実化するという、あくまでも存在論的な論理として理解されなければならないであろう。他方で「ある」という命題においても、ヘーゲルにおける「存在」とは決して静止したものではなく、不断の運動の中にあり、可能性が現実性に転化する必然性の中にあるものであるから、ここでも理性的なものの現実化と現実的なものの理性化の運動が理解されるべきであろう。

しかも、同じ第三講義の筆記録でありながら、リンギア筆記録においては、理性と現実の二重命題は「理性的なものは現実であり、逆もまた然り」（S.51）となっており、著作と同じ「ある」という命題表現となっている。この点で、ヘンリッヒ版における「なる」という命題は、文献学的な不確実性を残していると言わなければならない。

いずれにしても、本講義録における理性と現実の二重命題は、ヘーゲルの主張の理解を助ける重要な手がかりではあるが、しかし、それを著作における二重命題と対立的にとらえることはできないであろう。

(b) 道徳における緊急権と、市民社会における貧困と緊急権

ヘーゲルの若い頃からの問題意識である宗教への批判とカント道徳哲学への批判は、本講義録において鮮明な論点を提示していることは、ヘンリッヒの指摘するとおりである。しかしながら、「道徳」における「緊急権（Notrecht）」と、「市民社会」における「緊急権」への言及についてのヘンリッヒの解釈は、検討を要すると思われる。

ヘーゲルは、本講義録の「道徳」において、意志のもつ特殊性の権利との関わりで、生命が危機に陥ったときに、生命を維持するために要求される「緊急権」について述べている。そして「緊急権は市民的立法に

ついても是認される」（S.100, 54 ページ）としている。さらにヘーゲルは「市民社会」で、富の蓄積と貧困の蓄積を論じ、「賤民」の発生を論じた上で、「これまで緊急権は一時的な必要に関わると見なしてきました。ここではもはや窮乏（Not）は単にこうした一時的な性格をもつものではありません」（S.196, 140 ページ）と述べている。

　ヘンリッヒは、ヘーゲルのこの議論について、「貧困は市民社会において、自由な人々の意志の表現を阻んでいる秩序に対する反抗の権利をもつ」（S.20, 267 ページ）という結論を導き出すものだ、という解釈を行っている。しかもヘンリッヒは、「ヘーゲルが革命を単に歴史的事実や必然性として把握するだけでなく、彼にとって現在のものである制度の体系的な分析から革命権を獲得し説明しているところは、ヘーゲルの他の著作にはない」（ibid., 同上）と言う。

　しかしながら、ヘーゲルの言う「緊急権」を「抵抗権」や「革命権」に結びつけるこの解釈には、やはり無理がある。ヘーゲルは、「道徳」において意志の特殊性の権利としての「緊急権」は「市民的立法」においても認められているとし、さらに「市民社会」における貧困の中では、それはもはや一時的なものではなくなっていることを論じているのである。確かにヘーゲルは、「貧困が法の不承認という賤民性の基礎にある」（S.196, 140 ページ）として、貧困問題が市民社会の法的秩序をも不安定にすることを指摘している。しかしそれは決して貧民の革命権の主張につながるものではない。何でも金で買えると考える金持ちについても、ヘーゲルは貧者と同様の「賤民性」を見るのである。こうして、ヘーゲルが言いたいことは、「貧困と富とが、市民社会の破滅をもたらす」（ibid., 同上）ということであり、貧困対策が緊急で不可欠な課題であるということである。にもかかわらず、市民社会内部にはそれを解決する資産・能力はない。ここからヘーゲルが引き出すのは、貧民の抵抗権や革命権ではなく、直接には海外の植民地建設であり、さらに根本的には市民社会を超える「国家」の必然性である。『法の哲学要綱』には

本講義録のような「市民社会」における「緊急権」の議論はない。その点で、本講義録における議論は、市民社会の矛盾をいっそう際だたせるものである。だからといって、そこに抵抗権や革命権を読み込むテキスト上の根拠はなんら存在しないと言わなければならない。

(c) 君主権とヘーゲルの政治的立場について

　さらに、本講義録について注目すべき論点の一つは、君主権の形式性をめぐる議論である。ヘーゲルは次のように言う。「主権とは、要するに最終的な決定者です。国家の中で行われるすべてのことは君主の名前と権限に基づいて行われます。その名前は最終の決定を含んでいます。その名前は、個別的なものを個別的なものとして取り上げるに至った表象の記号です。——裁判官は完全に独立しているにもかかわらず、君主の名前において判決を下すのです」(S.250f., 190 ページ)。
　この言葉について、ヘンリッヒは、「君主の署名の役割は、国家の決定能力にとって単なるシンボルにしか見えないほど、格下げされている」(S.25, 272 ページ) と言う。その際、ヘンリッヒは、ホトーによる第5回講義の筆記録において、君主は「よろしいと言って、ⅰの点を打つ」という表現と比較している。ヘンリッヒは、ホトー筆記録においても、ヘーゲルの立場の「二義性」を免れているわけではなく、もしも君主が「よろしい」と言うことを拒否した場合に、いかにして必要な決定に至るのかを問うことは全く正当であった (ibid., 同上) と述べている。しかしこの「二義性」という点では、君主の署名を「記号」と表現したとしても、君主が署名を拒否した場合を仮定すれば、やはり「ⅰの点」の比喩とそれほど変わらないであろう。
　しかし、いずれにしても、プロイセン政府による「デマゴーグ狩り」のさなかで、しかも『法の哲学要綱』の出版直前における本講義録においても、君主権の形式性の主張は明確である。しかも、この主張が第5

回講義では「iの点」となるのであり、ヘーゲルの講義における立場は一貫していると思われる。しかし出版された『法の哲学要綱』では、君主権の形式性についてのヘーゲルの明確な主張は見られない。この点で、イルティングがヘーゲルの講義での主張と著作での主張との相違を指摘したことは重要である。しかし、それがヘーゲルの「政治的立場の変更」と言えるかどうかは疑問である。

　この点で、ヘンリッヒは、ヘーゲルが検閲を考慮して、表現に配慮しなければならなかったとしても、「ヘーゲルが君主制主義者であったのは、決して政治的傾向からではなく、理論的義務であった」（S.31, 278ページ）と述べている。この指摘は妥当であろう。

　ヘーゲルにとって理論的に重要なことは、立憲主義に則った君主制、すなわち「立憲君主制」の政治体制の確立であった。当時、「神聖同盟」による復古政治の中で、専制君主制へと歴史を逆転させる主張も横行する中で、それを批判して、立憲君主制を擁護するという論点は、著作の中でも貫かれている。著作における君主権の形式性の主張の後退や、議会の選挙に対する否定的な見解の強調（§311）などは、その限りで、検閲や政治情勢への「順応」として理解しえても、「ヘーゲルの政治的立場の変更」とは言えないであろう。

　ここでは、イルティングが提起した問題を十分には考察できない。しかし『法の哲学要綱』出版の直前の本講義録の内容から、ヘーゲルが『法の哲学要綱』で何を主張したかったのか、また検閲や「デマゴーグ狩り」などを考慮して、何を活字として公表し、何を公表しなかったのか、などを知ることができるのである。ヘーゲル法哲学について、その講義録の全容が明らかになりつつある現在、それらと著作との関係をいっそう明確にする研究が期待される。

第 3 章　本物だった講義録　　　　　　　　　　　　　　　　　　　55

注

1) Georg Wilhelm Friedrich Hegel, *Philosophie des Rechts. Die Vorlesung von 1819/20 in einer Nachschrift.* Herausgegeben von Dieter Henrich, Suhrkamp Verlag, 1983.

2) ディーター・ヘンリッヒ編『ヘーゲル法哲学講義録 1819/20』中村浩爾・牧野広義・形野清貴・田中幸世訳、法律文化社、2002 年。引用に当たっては、本文中で原書のページを「S.」で、翻訳のページを「ページ」で示す。

3) G. W. F. Hegel, *Grundlinien der Philosophie des Rechts oder Naturrecht und Staatswissenschaft im Grundrisse.* G. W. F. Hegel, Werke in zwanzig Bänden. Bd.7, Suhrkamp Verlag, 1970. ヘーゲル『法の哲学』藤野渉・赤澤正敏訳、『世界の名著ヘーゲル』岩崎武雄責任編集、中央公論社、1967 年、所収。引用に当たっては、本文中に原書および翻訳のページ、ないしパラグラフ（§）を示す。

4) G. W. F. Hegel, *Vorlesungen über Rechtsphilosophie, 1819-1831,* Edition und Kommentar in sechs Bänden von Karl-Heinz Ilting, Fromman-Holzboog, 1973. Erster Band, Einleitung. Die "Rechtsphilosophie" von 1820 und Hegels Vorlesungen über Rechtsphilosophie. 引用ではページのみを記す。

　　イルティングの問題提起をめぐるドイツでの論争については、権左武志『ヘーゲルにおける理性・国家・歴史』岩波書店、2010 年、第二部「ヘーゲル国家論と法哲学講義」、参照。またイルティングの主張への批判的検討については、水野建雄「ヘーゲル『法哲学』の生成と理念（序）―イルティング・テーゼとその批判―」筑波大学哲学・思想学系編『哲学・思想論集』第 12 号、1986 年、参照。

5) 加藤尚武「ヘーゲル哲学と近代社会の規範原理」『書斎の窓』有斐閣、1984 年、3 月。加藤尚武『哲学の使命』未来社、1992 年、272 ページ。

6) Elisabeth Weisser-Lohmann, Hegels rechtsphilosophische Vorlesungen. Zeugnisse, Manuskripte und Nachschriften. in: Hegel-Studien Band 26, Bouvier Verlag, 1991, S.65f. なお、『ヘーゲル法哲学講義録 1819-20 年』を翻訳している私たちのグループが 1999 年 9 月にドイツを訪れた折りに、ハーゲンにある通信教育大学（Fern Universität）に留学されていた阪南大学の尼寺義弘教授から、同大学に勤務されているヴァイサー＝ローマン氏を紹介していただいた。そしてヴァイサー＝ローマン氏からヘーゲル法哲学の文献学的な研究などについて詳しくお話をうかがうことができた。ヘーゲルの講義の筆記録における Mitschrift と Nachschrift の区別、弟子による復習講義（Repetitorium）などの説明は大変参考になった。なお、この時点で彼女はまだヘンリッヒ版についての文献学的疑義

をもっておられたが、その後、2007年に来日されたときには、その疑義を完全に撤回されていた。なお、1999年のハーゲン大学の訪問の際には、日本語の堪能なローマン・エフナー氏にもお世話になった。ヴァイザー=ローマン氏、尼寺教授、エフナー氏にお礼を申し上げたい。

7) Otto Pöggeler, Nachschriften von Hegels Vorlesungen, in: Hegel-Studien Band 26, Bouvier Verlag, 1991, S.166.
8) 山崎純「講義録新資料にもとづくヘーゲル像の刷新―後期発展史研究の前進のために―」『ヘーゲル哲学研究』第2号、1996年、97ページ。
9) G. W. F. Hegel, *Vorlesung über die Philosophie des Rechts. Berlin 1819/20. Nachgeschrieben von Johann Rudolf Ringier,* Herausgegeben von Emil Angehrn, Martin Bondeli und Hoo Nam Seelmann, Felix Meiner Verlag, 2000.
10) G. W. F. Hegel, *Gesammelte Weke,* Bd.25, Felix Meiner Verlag, 2010.
11) G. W. F. Hegel, *Enzyklopädie der philosophischen Wissenschaften im Grndrisse (1830). Erster Teil. Die Wissenschaft der Logik.* G. W. F. Hegel, Werke in zwanzig Bänden, Bd. 8. ヘーゲル『小論理学』上、松村一人訳、岩波文庫。

第4章

長男が筆記した論理学講義
―― ヘーゲル論理学講義 1831 年 ――

はじめに

　ここで紹介するのは、『ゲオルク・ヴィルヘルム・フリードリッヒ・ヘーゲル講義録選集第 10 巻、論理学についての講義、ベルリン、1831 年、カール・ヘーゲルによる筆記』ウド・ラーマイル編、ハンス－クリスティアン・ルーカス協力、フェリックス・マイナー出版社、ハンブルク、2001 年[1]、である。このヘーゲルの講義の筆記者は、当時ベルリン大学で学んでいた長男のカール・ヘーゲルである。

　私はこの筆記録に関心をもち、上田浩氏、伊藤信也氏とともに 2006 年 9 月から本書の翻訳を行い、また大阪の「ヘーゲル論理学研究会」でその翻訳原稿の検討も行っていただいて、2010 年 11 月に文理閣から出版した[2]。

　ここでは、この講義録について語りたいと思う。

1 ヘーゲルの「論理学」と論理学講義について

　ヘーゲルにとって「論理学」は彼の哲学大系の第一部として、哲学の根幹をなす。そのためヘーゲルは、ニュルンベルク期に『論理学』（『大論理学』と呼ぶ）全3巻（1812-16年）[3]を出版するとともに、ハイデルベルク期に出版した『哲学的諸学問のエンチュクロペディ』第一版（1817年）[4]の第一部として「論理学」（『小論理学』と呼ぶ）を論じた。またベルリン期には『エンチュクロペディ』を改訂して、その第二版（1827年）[5]、第三版（1830年）[6]を出版した。さらに『大論理学』の第一部「有論」を1831年に改訂し、それがヘーゲルの死後、第二版（1832年）[7]として出版された。

　彼はハイデルベルク大学でもベルリン大学でも、講義用の要綱である『小論理学』をテキストとして、「論理学と形而上学」や「論理学」の講義を毎年のように行った。

　そしてヘーゲルの死後、「故人の友人の会」が編集した『ヘーゲル全集』（1832-1845年）が出版されたが、その第6巻として、レオポルド・フォン・ヘニングが編集した『エンチュクロペディ第一部　論理学』（『小論理学』）（1840年）[8]が含まれている。ヘニングは、この編集にあたって、ヘーゲル自身が出版した『エンチュクロペディ』の「論理学」に多くの「補遺（Zusatz）」を付けた。それは、ヘーゲルの講義についてのヘニング自身の筆記録や、ミシュレ、ホトー、ガイアの筆記録の一部を抜粋して、それらを『小論理学』第三版の該当するパラグラフに分散させて収録したものである。この版は、講義の筆記録から抜粋された「補遺」によって分かりやすいものとなった。そのため、従来から『小論理学』のテキストとしてよく読まれてきたのは、このヘニング版をもとにした各種の版である[9]。

　しかしながら、このヘニング版は、年度の異なる数種類の筆記録を

バラバラに分けて、その一部を収録したという問題点がある。しかもヘニングは、講義録の「目前にある材料が不十分な場合には、必要と思われる解説を自分の記憶から取り出してそれを完全にすることを躊躇しなかった」（S.VII, 上 10）と記している。このような事柄が、従来から『小論理学』の「補遺」の文献学上の問題点として指摘されてきた。そしてヘーゲル研究者の間では、『小論理学』「補遺」の扱いは慎重であるべきだとされてきた。しかもヘニングが編集のもとにしたヘニング自身の筆記録も、ミシュレ、ホトー、ガイアの筆記録も、もはや完全な形では残されていない。そのために、それらの講義録のどの部分が「補遺」として取り上げられ、どの部分が取り上げられなかったのかも分からないのである。

しかし幸い、ハイデルベルク大学での「論理学と形而上学」講義（1817 年夏学期）のフランツ・アントン・ゴートによる筆記録[10]が 1992 年に出版され、ベルリン大学での「論理学」講義（1831 年夏学期）のカール・ヘーゲルによる筆記録が、2001 年に出版された。これらはいずれもよくまとまった講義録となっている。ここで取りあげるのは後者の筆記録である。

2 論理学講義 1831 年について

ヘーゲルは、ベルリン大学で 1831 年夏学期に、『小論理学』第三版をテキストとして「論理学」という題目の講義を行った。これは、ベルリンでの論理学講義としては 13 回目になる。この講義は 1831 年の夏学期の 4 月下旬に開始され、毎週月曜から金曜まで 12 時から 13 時まで行われ、1831 年 8 月 26 日に終了した。そして彼は 1831 年 11 月 14 日にコレラで死亡したため、これがヘーゲルの最後の論理学講義となった。

その時期は、彼が『大論理学』第一部「有論」を改訂して第二版として出版すべく、その執筆に取り組んでいた時期とも重なる。ヘーゲルは

『エンチュクロペディ』第三版（1830年）の完成後に、『大論理学』「有論」の改訂に取り組み、彼の死の直前にようやく完成した（第二版「序文」の日付は1831年11月7日である）。そしてそれは彼の死後、1832年に出版された。1831年の論理学講義は、この『大論理学』「有論」の改訂ともかかわり、それが講義に反映されたものとしても興味深いものである[11]。

　1831年の論理学講義の筆記者であるカール・ヘーゲル（1813-1901年）は、父がニュルンベルクのギムナジウム校長をしていた時代にニュルンベルクで生まれ、ベルリンのギムナジウム卒業後、1830年秋にベルリン大学に入学した。そして1830-31年のヘーゲルの「世界史の哲学」を受講して講義録を作成した。続いて1831年の夏学期にはヘーゲルの「論理学」と「宗教哲学」とを受講した。カール・ヘーゲルは、6月7日生まれなので、彼が「論理学」講義を受講したのは18歳から19歳になる時期であった。彼の筆記録を見ても、大変熱心に取り組んだことが分かる。父親のヘーゲルもわが子が受講生の一人として出席していることを喜んで、力のこもった講義をしたと思われる。そしてカール・ヘーゲルは、講義中に筆記したノートに基づいて、講義後にそれを清書する仕方で筆記録を作成し、自らの勉学用に保管していたと考えられる。現在、ヘーゲル・アルヒーフ（ドイツ・ボーフムのルール大学）に保管されている、カール・ヘーゲルのオリジナル手稿を見ると、略号も使用しているが、全体としてきちんと書かれた筆記録に仕上がっていることが分かる[12]。彼は後に歴史学者として活躍するが、若い日の講義ノートからもその学問的才能と努力の跡を知ることができる。なお、カール・ヘーゲルの手稿は彼の死後、シュム家の所有物となったが、現在はその学術的調査と編集出版のために、ヘーゲル・アルヒーフに保管されている。

　本講義録には、ヘーゲルの講義を再現したいくつかの特徴がある。
　第一に、ヘーゲルは、『エンチュクロペディ』第三版の第一部「論理学」（『小論理学』）をテキストにしているとはいえ、パラグラフ（§）ご

とに区切ってそれに逐一説明をつけるという講義はしていない。むしろヘーゲルは、学生がすでにテキストを読んでいることを前提として、テキストのパラグラフの区分にはこだわらないで、連続した講義を行っている。そのため、ヘーゲルの講義における議論の流れがよく分かるようになっている。

　第二に、本講義録の構成である。講義用のテキストである『エンチュクロペディ』「論理学」の、「予備概念」、第1章「有論」、第2章「本質論」、第3章「概念論」の分量の比率に比べて、この講義録では「予備概念」を論じた「序論」と、「有論」の比率がやや大きく、「本質論」、「概念論」の比率がやや小さくなっている。「序論」や「有論」が大きくなったのは、最初の部分を詳しく丁寧に講義しようというヘーゲルの意図によるものとは思われる。しかし同時に「序論」が特に長いのは、ヘーゲルが主張する「客観的思想」について解説するとともに、デカルトからカント、さらにヤコービらに至る近代哲学に対するヘーゲルの立場を明確に示すことに力を入れたためであると思われる。この点は以下でも取り上げたい。

　なお、「序論」が大きくなったことに比べて、本論とりわけ「本質論」や「概念論」は簡潔な叙述となっている。しかし重要なカテゴリーの説明はきちんと行われている。そのため、ヘーゲルのカテゴリー論の要点がよく分かるものとなっている。この講義録は、『小論理学』のより詳しい説明であり、かつ『大論理学』の要点をおさえたものになっている。もっとも、これらのテキストの内容上の異同とその意味については、今後、その比較研究を詳しくおこなわなければならない。

　第三の特徴は、講義録であるがゆえに、難解なカテゴリーについての具体例や具体的な説明、さらに哲学史上の例が数多くあげられていることである。この点が本講義録の最大のメリットであると言えるであろう。

　以下では、この講義録から「序論」の意義、「主体」の論理、および「自由」の論理について、注目される点を取りあげたい。

3　近代哲学の「大問題」とヘーゲル論理学

　先にも見たように、ヘーゲルは「序論」に大きな分量を取って講義を行った。ここで彼は近代哲学の流れを「客観性に対する思想の三つの態度」としてまとめている。ヘーゲルはそれを、第一に「旧形而上学」（デカルト、スピノザ、ライプニッツら）、第二に「経験論と批判哲学」（ロック、ヒューム、カントら）および第三に「直接知」（ヤコービら）ととらえ、それらを詳しく紹介するとともにヘーゲルの評価を加えている。ヘーゲルは、ここで問題となる「思考と存在との対立」とその「統一」が、「私たちの時代の関心が取り組んでいる、哲学の大問題（die große Frage der Philosophie）」（S.21f.）だと言い、それに対するヘーゲル自身の立場を明瞭に打ち出そうとするのである。

　しかも、同じ「序論」で論じられる、「客観性に対する思想の三つの態度」と「論理的なものの三側面」との関連も重要である。「客観性に対する思想の第一の態度」の悟性的思考や分析的方法は、「論理的なもの」の第一の「抽象的あるいは悟性的側面」に対応する。また「第二の態度」のうち、特に批判哲学の「弁証論」とりわけ「アンチノミー」は、「論理的なもの」の第二の「弁証法的あるいは否定的理性的側面」に対応する。それに対して「第三の態度」である「直接知」をヘーゲルは「第一の態度」への復帰と見て、これを乗り越えて、「論理的なもの」の第三の「思弁的あるいは肯定的理性的側面」を提示するのである。この第三の側面は、「論理的なもの」の前二者を統一し総合するヘーゲルの独自の論理として示される。

　このような議論から、ヘーゲルの「論理学」が「形而上学」であり、また「カテゴリー批判の体系」であることがよく理解できる。ヘーゲルが本講義の「序論」で議論したように、ヘーゲル論理学は、近代哲学の「大問題」である「思考と存在」の対立と統一をいかにとらえるかを本

格的に議論したものである。しかも、近代哲学における「客観性に対する思想の三つの態度」を検討すると、「思考と存在」の問題は論理的諸カテゴリーの問題に帰着する。

　すなわち、「旧形而上学」の思考がものごとを固定的にとらえる悟性的思考にすぎなかったために「独断論」に陥ったのである。経験論は経験に基づいて「多くの」事柄についての「蓋然性」（確からしさ）は言えても、すべての事柄についての厳密な「普遍性」や「必然性」は言えず、ここから「懐疑論」に陥った。またカントの批判哲学では、理論理性にとって「物自体」は不可知であり、世界は有限か無限かなどの「アンチノミー」を解決できない。実践理性は道徳的にあるべき「当為」を示すにすぎず、道徳の現実的な実現は論じえない。そしてカントのいう判断力は、有機体があたかも目的をもつ「かのように」しかとらえられない主観的把握にとどまった。さらに、ヤコービらの直接知は、直接性と媒介性との相互関係を把握することができなかった。

　ヘーゲルは、これらの困難や問題点は、論理的カテゴリーの解明によってこそ解決できると考える。つまり、哲学において使用される論理的諸カテゴリーを批判的に検討して、低次の諸カテゴリーが含む矛盾を明らかにし、これをより高次の諸カテゴリーによって解決する「カテゴリー体系」こそが、「思考と存在」の対立と統一にかかわる大問題を解決できる。これがヘーゲルの主張である。

　しかも、思考によって批判的・概念的に把握されたカテゴリーは、存在の本質をその構造において把握する。したがって「カテゴリー体系」としての「論理学」は、存在を思考によって把握する「形而上学」でもある。その意味で「客観的思想」を明らかにし、「事柄である思想」を論じる「論理学」は「形而上学と一致する」（S.19）。そこからヘーゲルは「論理学」を「神の形而上学的規定」だと言い、「世界の創造以前における神の永遠の本質の叙述」であるという『大論理学』第一版（1812年）以来の主張を繰り返しているのである。

4　論理学講義 1831 年における「主体」の論理

　ヘーゲルは、『精神の現象学』(1807 年)[13]「序文」で、「肝心なこと」は、「真実なものを実体（Substanz）としてではなく、同様に主体（Subjekt）として把握し表現することである」(S.18) と論じた。「実体」を「主体」として把握することがヘーゲルの根本思想である。しかしこの「序文」では、その説明は次のようにごく簡単に行われているにすぎない。「生きた実体は、実際には主体である存在である。あるいは同じことであるが、実体が自己自身を定立する運動である限りでのみ、あるいは自ら他のものになることと自己自身とを媒介する働きである限りでのみ、実際に現実的であるような存在である」(ibid.)。

　ここで述べられているような、実体が「自己自身を定立する運動」や、「自ら他のものになることと自己自身とを媒介する働き」とはどのようなものかが問題である。従来のヘーゲル哲学の研究では、この思想を『精神の現象学』の中から明らかにする研究は多く行われているが、ヘーゲル論理学に即して明らかにする研究はあまり行われていない。

　ところが、論理学講義 1831 年の「理念」の中で、「理念は本質的に主体です。実体は、真実なものになるためには、主体として把握されなければなりません」(S.208) と語られている。これはまさに『精神の現象学』「序文」の思想そのものである。この点で、ヘーゲルが「論理学」講義の、しかもヘーゲル論理学の最終章となる「理念」において、その根本思想を確認していることに注目する必要がある。それは、ヘーゲル論理学の全体にとって「実体」から「主体」への論理が核心的な意義をもつことである。つまり、「有論」にも「主体」をとらえる手がかりが登場し、「本質論」の「実体」の関係から「概念論」の「主体」の論理へと発展するだけでなく、「概念論」の全体が「主体」の論理構造の解明として、そして「客観性」ともかかわる「主体」の展開として理解で

きるのである。そして、とりわけ「理念」は「生命」としての主体や「認識」における理論と実践としての「主体」の論理の展開となっている。本講義録はこのような「主体」の論理の解明として、ヘーゲル論理学を理解する方向を示していると思われる。

(a)「有論」における「主体」の論理

「有論」では、直接的に存在するものとその変化の論理が論じられる。純粋な「有（Sein）」が「無（Nichts）」と統一して、「成（Werden）」の過程を経て、なんらかの規定性をもった有が「定有（Dasein）」である。「定有」としての「或るもの」（Etwas）は次のように論じられる。「或るものは定有としての否定を含みます。定有するものはすでに否定的統一として主体です」(S.110)。つまり、「或るもの」はそれ自体（an sich）として何であるかという「規定（Bestimmung）」をもつとともに、それに即して（an ihm）、他のものに対する自分の「性状（Beschaffenheit）」をもつ。このように「或るもの」は自分自身の規定をもちながら、他のものではないものである。そこでヘーゲルは、「或るもの」は「否定を含む」とか「否定的統一」であると言い、その意味で「或るもの」をすでに「主体」と呼ぶのである。もちろん「或るもの」は、本来の「主体」としての実体性も関係性も自己規定性も欠いたものである。しかし「或るもの」はすでに「否定的統一」であるという点では「主体」の一契機を含んでいるのである。

また「対自有（Fürsichsein）」では、「主体は有るもの（Seiendes）ですが、しかしそれは他在（Anderssein）の否定である有るものです。それは媒介の否定によって自分自身の中で媒介する統一です」(S.123)とされる。「対自有」とは、「或るもの」が自らの「限界（Grenze）」を超えて「他のもの」になる「有限なもの」でありながら、同時に自己に復帰する「無限なもの」であり、その意味で「自分自身である（für sich）有

(Sein)」である。ヘーゲルはこの「対自有」を有論のレベルにおける「主体」であるととらえるのである。

　ところで、この「対自有」は「真無限」の論理を踏まえて論じられる。「有限なもの」と「無限なもの」とが分離され、「有限」の彼岸にある「無限」や、無際限に延びる「無限」の系列は決して到達されない。これをヘーゲルは「悪無限（das schlechte Unendlichkeit）」と呼ぶ。それに対して「悪無限」を克服したものが「真無限（das wahlhaft Unendliche）」である。しかしヘーゲルの「真無限」の論理は必ずしも分かりやすくはない。またヘーゲル論理学の他のテキストではその具体例がない。それに対して本講義録では、「無限性の実例」として「生命」、「私」、「精神」などがあげられている（S.118）。つまり、「真無限」とは、生命や自我や精神のように、自らが「有限なもの」として他のものと関わり、自分を他のものとしながら、しかし自分を「無限に」取りもどし、自分自身であり続ける存在である。しかし、このようなヘーゲルの「真無限」を理解するためには、「生命」や「自我」や「精神」の論理が詳論される「概念論」における「主体」の論理を理解する必要がある。その意味でも、「対自有」が有論のレベルでの「主体」としてとらえられていると言える。

(b)「本質論」における「実体」と「主体」

　次に、「本質論」における「実体」から「主体」への移行の議論から見てみよう。

　「本質論」では、「本質」と「現象」、「現実性と必然性」などの関係の論理が固有に論じられる。そして「現実性」において「実体」の論理から「主体」への移行が論じられる。

　ヘーゲルは、『大論理学』や『小論理学』と同様に、本講義でもまず「本質論」における「実体性の相関」の中で、スピノザを批判しながら、

「実体」から「主体」への移行を論じる。「実体」は「偶有の総体性」であり、偶有の変化を貫く「直接的な現実性」である。そして、実体は可能性を現実性としたり、現実性を可能性に引き下げる「絶対的な威力（Macht）」であるとともに、実体が「相互に現実性を定立する」ような「強制力（Gewalt）」でもある。このような「実体」の活動には「必然性」が貫かれる。その必然性には「絶対的な目的のような明確な内容がない」ために、「盲目的な必然性」と言われる（S.167）。

このような「実体」の「必然性」の論理に対応するものが、スピノザの「実体」であるとされる。そこでは「自己原因」としての「実体」と、その「属性」や「様態」としての「思考」と「延長」がとらえられるのみで、「実体」の運動によってどのようにして「思考」と「延長」が展開されるかは論じられないのである（S.168）。

それに対して、ヘーゲルは、「実体」から「主体」への移行を論じる。「実体のこのような規定から主体へと移行しなければなりません。主体において人間は自由になります」（S.168）。ここで述べられている「人間の自由」は後に検討することにして、ここでは「実体」から「主体」への移行の論理を確認しておきたい。

それはまず、「実体」が原因となって、他の実体の中に「結果」を産出する「因果性の相関（Kausalitätsverhältnis）」である。しかし、原因が結果を生み、その結果がまた原因となって他の結果を生むという因果の連鎖においては、「無限進行」が現れるだけである（S.170）。しかし、原因としての実体が「原因」として働くためには「結果」となる実体を前提にしている。ヘーゲルがあげる雨水（原因）と湿り気（結果）の例を使って言えば、雨水（原因）が空気や土地に湿り気をもたらす（結果）のは、空気や土地を前提にしてのことである。「原因」は「結果」に「先行するもの」であるが、その「先行するもの」もその前提をもっている。原因が結果を産出することは、前提とされたものの中に原因と結果との関係を定立することである。ここからヘーゲルは、その結果がま

た原因となって、原因であった実体に反作用することを論じる。先の例を使えば、空気や土地は雨の結果としての湿気を吸収し、また土地は雨水を蓄える。それらが蒸発して空気中に吸収された水蒸気が増大すると、それは再び雨となる。こうしてここでは湿気が原因であり、雨が結果となる。

　ここからヘーゲルは、「実体」の相互の関係として「交互作用（Wechselwirkung）」を論じる。実体相互の関係は、もはや一方が原因で他方が結果であると言うことはできない。諸実体が相互に原因であり結果である。

　さらにヘーゲルは、ここから次のように言う。「今や原因と結果との両側面は、有るものとして、諸実体として定立されますが、しかし諸実体は一つの実体性としてあります。両側面は他者の中にのみあり、即自的に一者であり、それら自身がそれらの自立性を否定します。区別されたものはまったく同一のものとして定立され、他者との統一の中でのみ意味をもちます」（S.173）。つまり、諸実体から「一つの実体性」ないし「一者」がとらえられ、区別されたものの「統一」が定立される。ここから「概念」が帰結するとされる（ibid.）。つまり、諸実体の区別を貫く同一性としての「一つの実体性」や「一者」や「統一」が定立されると、それが「概念」である。そして諸実体の相互の関係は、因果性や交互作用の「必然性」であるが、「概念」の関係は「概念」が「他のものの中にありながら自分のもとにとどまる（Beisichbleiben im Anderen）」（S.173）という「自由」となる。これが「主体（Subjekt）」である。ここからヘーゲルは「概念論」で「主体」の論理を明らかにしてゆく。

　それに先だって、ヘーゲルは「概念論」に入る直前で、「概念」の意味を説明している。「概念はしばしば表象の規定性という以上のことを意味しません。私が"人間"と言う場合、それは概念ではありません。"青"という場合も同様です」（S.174）。つまり、「人間」や「青」はあくまでも抽象化された概念にすぎず、ヘーゲルの言う本来の「概念」で

はない。「概念とはただまったく、自分の中で具体的なものであり、自分の中の区別されたものでありながら、この区別されたものの統一であるものです」(S.175)。つまり、ヘーゲルの「概念」とは、自己同一性を保ちながら自己を区別し発展させる「主体」の論理を示すものである。

ヘーゲルは『小論理学』で「必然性から自由への、あるいは現実性から概念への移行は、最も困難なものである」(§159Anm.) と述べている。それだけに本講義では以上のような説明を行って、「概念」の意味をできる限り分かりやすくしようとしていると言える。

(c)「概念論」における「主体」の構造と展開

ヘーゲルは、「概念論」の最初で、「概念」を神の「三位一体」を例にあげて説明している。「神は三位一体という高度な規定です。各々の契機が全体です。父は神であり、子は神であり、精霊は神です」(S.177)。もちろん、神の「三位一体」があくまでも「概念」を説明するための例である。宗教哲学的な神の「三位一体」は、論理学的な「概念」に基づいて理解されるというのが、ヘーゲルの見地である。ヘーゲルは「概念」の例として、さらに「感情の形式では愛であり、享受の形式では至福であり、最も具体的な規定では精神です」(ibid.) と続けている。

「概念」の契機は、「普遍性」・「特殊性」・「個別性」である。「普遍性」とは概念の「自己同一性」を示す。「特殊性」とは概念の「区別と規定性」を示す。そして「個別性」とは概念の「諸契機の統一性」を示すものである。したがって、これらの「普遍」・「特殊」・「個別」も本来の「概念」の諸契機を示すものとして、ヘーゲル独自の意味で使われている。こうして「概念」とは、自己自身の同一性を貫きながら（普遍性）、自己を規定し区別して他者と関わりながら（特殊性）、しかも自己を統合し保持するものである（個別性）。その点で、先の「表象の規定」としての「人間」の概念との関係では、例えば「すべての人間」・「ドイ

ツ人」・「ヘーゲル」という「普遍」・「特殊」・「個別」を考えるとしても、それはまったく抽象化された形式論理学的な概念にすぎないのである。

　以上のように、「概念」そのものが「主体」の論理を示すが、ヘーゲルは、とりわけ「個別性」こそが「主体」であると言う。ヘーゲルは『小論理学』の第二版（1827年）から第三版（1830年）への改訂にあたって、§163の注釈の中に「概念の各契機はそれ自身が全体的概念であるが（§160）、しかし個別性、すなわち主体は総体性として定立された概念である」という一文をつけ加えた。1831年の講義ではこのことがいっそう明確に主張される。「個別はさらに主体として表現することができます。……主体としての個別性は、普遍性と特殊性の統一としてあります」（S.180）とされる。このように、普遍性と特殊性とを統一した個別性こそが「主体」としてとらえられるのである。

　次に、「概念」の諸契機が分割されつつその結合が示されるものが「判断（Urteil）」である。それは「個別は普遍である」などの形式をとる。それは「概念」の諸契機を分割したものであるから、ヘーゲルは判断を「根源的分割（Ur-Teil）」ととらえる。しかも普遍・特殊・個別の契機は「である」によって結合される。ヘーゲルは、「すべてのものは判断です。すなわち内的本性を自分の中にもつ主体です。そのことが主体の普遍性です」（S.183）と述べている。このように、個別でありながら、内的本性として、特殊や普遍を自分の中にもつものが、「判断」という形態での「主体」である。そして「判断」の諸形式が展開されることによって、いったんは分割された諸契機が相互に結合され、その相互媒介のあり方が展開される。

　そして「普遍」・「特殊」・「個別」が三つの名辞（項）として位置づけられ、その相互媒介がとらえられるものが「推理（Schluß）」である。ヘーゲルは「推理は理性的なものです」（S.191）と言う。ヘーゲルにとって「推理」の本質は、形式論理学の三段論法のように、二つの前提から一つの結論を導き出すことではない。ヘーゲルにとって「推理」の

本質は、普遍・特殊・個別の三項が相互に媒介されることにある。その
ことをヘーゲルは次のように言う。「実体的なものの普遍的な本性が自
分を特殊化し、そして両者の統一となります。それが主体です。すべ
てのものはこのような推理として把握されなければなりません」(ibid.)。
このように、「実体」の普遍的本性が特殊化され、普遍と特殊との統一
としてある個別が相互媒介的に示されること、これが「推理」の形態に
おける「主体」である。

　以上は、概念論における「A．主観的〔主体的〕概念」の論理構造で
ある。それに対して、「B．客観（Objekt）」では、概念の諸契機が相互
外在的に関係し合う「機械的関係（Mechanismus）」、酸とアルカリの中和
のような関係を論じる「化学的関係（Chemismus）」、および主観的「目
的」を客観的な「手段」をとおして「客観」の中に実現する「外的合目
的性」としての「目的的関係（Teleologie）」が論じられる。最後の「目
的的関係」においては、もはや「主観」と「客観」は分離しえない。こ
のことをヘーゲルは次のように言う。

　「実在論や経験論の中で考えられると、客観は自立的なものであり、
自我や主観が一方の側にあり、客観が他方の側にあることになります。
そのような命題を信じる人間はいません。動物は草を食べて生きます。
動物は、草は動物に対して固定したものではないと感じ、草の自立性
を空無なものにします」(S.207)。こうして、主体（主観）と客体（客観）
との相互の関係のなかで「主体」をとらえるのが「理念（Idee）」の論理
である。

　「理念」はまず「生命（Leben）」である。「生命」は、第一に、有機的
な「主体」として、自分の諸器官や諸分肢を区別するとともに統一して
いる。第二に、「生命」は「主体が外面的な非有機的自然に対して関係
すること」(S.212)である。ここで「非有機的自然」とは生命をもつ個
体の自分自身の有機体ではない自然であり、つまり他の外的自然である。
生命は、自己維持のためにも他の自然と関係し、自己と他者との「矛

盾」の中で生きなければならない。これが生命の過程である。第三に、生命は「性の相関」を通して「類」を形成する。個体は死ぬが類は過程として維持される。

「理念」はさらに「精神」による主体と客体との統一として「認識」である。ヘーゲルが言う「認識」には「認識そのもの」としての「理論」と、「実践」との二つの形態がある。「認識そのもの」は世界を認識するために「主観」を世界に適合させることである。それに対して、「実践は、その目的を実現し、善を実行することを目指し」、「世界を変え、世界を主観的なものに適合させる」ことである（S.216）。このような「理論」と「実践」の双方が結びついて、精神的「主体」が世界の中で自己を実現するのである。

以上が、ヘーゲルのとらえる「主体」の論理の概略である。

5 論理学講義 1831 年における「自由」の論理

ヘーゲル論理学における「自由」の概念は「主体」の概念と直結する。「本質論」における「実体」から「概念論」の「主体」への移行は、同時に「必然性」から「自由」への移行でもある。そこで、「本質論」における「必然性」から「自由」への移行の論理と、さらに「概念論」における「自由」の展開を見ていきたい。

(a) 必然性と自由のアンチノミーとその解決の方向

必然性と自由の問題は、カント『純粋理性批判』（1781 年）[14]の「弁証論」で論じられた第三のアンチノミーでもある。それは、次のような「定立」と「反定立」との矛盾である。

一方で「定立」として、「自然法則に従う原因性は、世界の現象がすべてそこから導き出される唯一の原因性ではない。世界の現象を説明

するためには、なお自由による原因性を想定する必要がある」(A444, B472) と主張される。その理由は次のとおりである。もしも「自由による原因性」がなく自然法則に従う原因性だけであれば、ある原因はまたその原因をもつという仕方で原因を遡るだけで、原因−結果の系列には完全性がなく、必然性の十分な説明ができない。それゆえ、自然法則に従う原因性だけでなく、「自然法則に従って進行する現象の系列を自分から開始するような原因の絶対的自発性」としての「超越論的自由」が想定されなければならない、とされる。

他方で「反定立」として、「自由は存在せず、世界における一切のものは自然法則に従ってのみ生起する」(A445, B473) と主張される。その理由は次のとおりである。もしも上記のような「超越論的自由」を認めると、それは自然法則に従って生起する必然性を否定することになる。それでは世界は「合法則性」ではなく「無法則性」になってしまう。それゆえ「自由」は存在しない、とされる。

カント自身はこのアンチノミーを、一方では「現象」の世界、ないし自然の経験的世界における「自然法則に従う必然性」と、他方で「物自体」の世界、ないし人間の道徳的実践において「道徳法則」に従う「自律としての自由」という仕方で、二元論的な解決を図ろうとした。

しかし、ヘーゲルはカントのこのような二元論は「必然性」と「自由」との矛盾の真の解決になっていないと批判する。実際、カント哲学では、一方の理論的認識においては「物自体」についての不可知論があり、他方で、道徳的実践による善の実現は常に「当為（Sollen）」にすぎず、「自由」も単に主観的な内面の自由になってしまうのである。

ヘーゲルは、「序論」ではカントの第三アンチノミーについてはごく簡単に述べている (S.51)。その上で、カントの「実践理性」の意義と問題点を指摘する。

カント哲学の意義の一つは「意志の自己決定」として「自由」の主張である。「人間は、強制が加えられるあらゆるものの中で自由を保持し

ます。自由は人間の力の中にあります。そしてどのようなものがどのような観点から彼に与えられようとも、それは人間の自由に適合しなければなりません。人間はそれを自分自身の意志決定として見いださなければなりません。この原理によって、カント哲学は正当にも大きな賛同を得ました」(S.64)。

このように、ヘーゲルはカントの「意志の自律」の思想を高く評価する。しかし、カントにおいては意志決定の原理は抽象的なものにすぎない。「意志決定の原理とは何でしょうか。あるいは別の形式でいえば、義務とは何か、道徳とは何か、法とは何か、ということです」(ibid.)。カントでは、その原理は、自分の主観的な行為の原則をすべての人に通用する普遍的原則としてもそこに矛盾が生じないこと、という形式的なものにすぎない。ヘーゲルはこれは「抽象的な同一性」にすぎないと批判する (ibid.)。ヘーゲルにとって、義務や道徳や法は社会的・歴史的現実の中でこそ解明されなければならない。カントにはそのような観点がない。ヘーゲルにとって法や道徳などは『エンチュクロペディ』第三部「精神哲学」や『法の哲学』の課題であるが、「論理学」では、現実の自由を考察するための論理が明らかにされる。

(b) 「**必然性**」から「**自由**」の論理へ

「本質論」の「C、現実性」において、「可能性」、「現実性」、「必然性」というカテゴリーが論じられる。可能性が現実性に転換する過程に必然性がある。必然性の契機は「条件 (Bedingung)」、「事柄 (Sache)」、「活動 (Tätigkeit)」である。ヘーゲルは「すべての条件が現存するならば、事柄は現実にならなければなりません」(S.162) と言う。ここで「なければならない (müssen)」ことが必然性である。しかし必然性の内容をなす「事柄」は、「偶然的で外面的な状態」である「条件」に依存し、可能性と現実性に転換させる「活動」によって実現される。ヘーゲルは

本講義では、「ローマ共和国が一人の支配に移行した大きな革命を思い浮かべるならば、そこには必然性がありました」（ibid.）という例をあげている。そして「事柄には活動するもの、すなわち主体が必要です」（S.163）として、カエサルという英雄を例にあげている。

　ここからヘーゲルは、さらに「自由」を論じる。まず、「必然性」を「運命」として受け入れる「自由」が、古代ギリシアの英雄の例をあげながら次のように論じられる。「没落するギリシアの英雄は、自分の性格をなんら恥じることなく、この運命の中で自分が自由であることを示します。この自由は、英雄たちが『そのようなものだ（Es ist so）。そのようなものであるがゆえに、我々はそれを受け入れる』と言うことに還元されます」（S.165f.）。このように、「そのようなものだ」として人間の運命をそのまま受け入れることは、人間の不満や不幸という矛盾の解消である。ヘーゲルは、それは「きわめて高い自由ですが、しかし抽象的な自由です」と言う。そして続けて「必然性に屈することは劣った姿です」（S.166））と言う。このような必然性への屈服は真の自由ではない。

　そこで、ヘーゲルは、「自由」の論理は「必然性」を超えた「概念」の論理によってこそ把握できると言う。「概念は自由なものです。自由とは一般に、他のものの中にありながら自分自身のもとにとどまる（Beisichbleiben im Anderen）という抽象であり、他のものの中で自分と同一であること（im Anderen identisch mit sich zu sein）です」（S.172）。これが「自由」の抽象的な規定である。つまり、「概念」とは、先にも「主体」の論理として見たように、区別された諸契機の中で同一であるものであり、他者への関係の中で自己自身に関係するものである。

　ヘーゲルは、「必然性から自由の移行は最も困難な移行です」（S.173）と言う。また、「必然性への屈服は最も厳しいものです。なぜなら、そこには強制力の相関が支配し、自己喪失であり、否定であるからです」（S.174）と言う。続けて「しかし、必然性を思考することは最も厳しいものの解消であり、解放（Befreiung 自由にすること）です」（ibid.）と言う。

ここで先の古代ギリシアの英雄との違いが提示される。古代ギリシアの英雄は、運命を「そのようなものだ」として、必然性をそのまま自分の中に受け入れ、自己内の自由にとどまった。それは「抽象的な解放」である。それに対して、ヘーゲルは、「真の解放は、区別されたものの中で自分のもとにあることです」(S.174) と言う。

しかしここでのヘーゲルの説明は詳しくはない。そこで、その意味を先の「必然性」の論理を踏まえて解釈すると次のようになるであろう。つまり、「必然性を思考する」ことによって、「可能性」が「現実性」に転換する「必然性」と、そのための三契機である「条件・事柄・活動」が認識できる。このことによって、他者との関係や区別されたものの中で、自分を保持し自分を実現する「可能性」を見いだし、それを先の三契機によって「現実性」に転換させること、ここに「自由」がある。それは、所与の「必然性」をそのまま受け入れる「自由」ではない。また「必然性」を否定する仕方で「自由」を実現しようとすることでもない。さまざまな「可能性」が「現実性」となる「条件・事柄・活動」を認識して、その「必然性」の中にありながら、「主体」にとって「他のものの中にありながら自分自身のもとにとどまる」関係をつくりあげること、これが「真の自由」である。

そのような「自由」としてヘーゲルがあげる具体例は、「自我」や「精神」であり、「愛」や「法・権利（Recht）」であり、「至福」である。これらはいずれも、主体が他者と関わりながら自己自身を保持し実現する関係を形成するものである。ただし、「愛」や「法・権利」の自由の具体的な展開は『法の哲学』の課題となる。

「本質論」では、「必然性」から「自由」への移行が以上のように説明される。

(c) 自由の論理の展開

　ヘーゲルは「概念論」の冒頭で「概念は自由なものです」(S.177) と言う。しかし「概念論」の中では「自由」という言葉を多くは使わない。それは、「自由」が問題にならないからではなく、むしろ逆に「概念論」における「主体」の論理は「自由」の論理そのものだからである。その点で、先に見た「主体」の論理を「自由」の論理という視点から改めて確認しておきたい。

　ヘーゲルにとって「概念そのもの」が「主体」の論理を示すが、とりわけ概念の「普遍性」と「特殊性」とを統一する契機である「個別」が「主体」であるとされる。これは、「概念」が自分自身を貫く「普遍性」の契機をもちながら、他のものと関係する契機である「特殊性」とを統一して、自分自身を保持する契機が「個別性」だからである。このことは、「主体」そのものが他のものの中で自己のもとにあるという「自由」の論理構造をもっていることを示している。

　さらに「概念の根源的分割」としての「判断」や、「普遍」・「特殊」・「個別」の相互関係の展開である「推理」においても、「主体」がその契機の分割や展開の中で自分自身を失わず、自分自身を保持し発展させる論理構造が解明される。これもまた「主体」の「自由」の展開の論理構造である。

　さらに「主体」は「客体」ないし「客観性」と関係する。それは、まず「目的的関係」で論じられる「目的－手段－客観」の関係の中での「目的の実現」である。ここでは「目的」が「自由な概念」(S.204) だとされるように、「目的の実現」は人間の自由そのものである。そして「理念論」における「生命」は、有機体としての「主体」として、また「非有機的自然」（自分の身体である有機体ではない外的自然）と関係する「生命の過程」として、さらに子孫を残す「類」の過程としての、生命

活動でもある。

　そして「認識」において、「概念はそれ自身で自由なものとして現存在します」(S.214)とされる。「認識」における「理論」と「実践」こそが「精神」の自由を実現する領域である。しかし、ヘーゲルにとって論理学はあくまでも「精神」の論理構造の解明に限定される。この論理構造を踏まえて、『エンチュクロペディ』の第三部である「精神哲学」において、「主観的精神」、「客観的精神」(家族・市民社会・国家)、「絶対的精神」(芸術・宗教・哲学)の「自由」が展開される。以上で見たように、論理学における「主体」と「自由」の論理がこれらの理論の基礎となっているのである。

注
1) G. W. F. Hegel, *Vorlesungen über die Logik, Berlin 1831.* Nachgeschrieben von Karl Hegel. Hrsg. von U. Rameil, unter Mitarbeit von H.-C. Lucas, Felix Meiner Verlag, 2001. 引用では本文中に原書のページのみを記す。以下の翻訳にも原書のページを記している。
2) G. W. F. ヘーゲル『論理学講義ベルリン大学1831年』カール・ヘーゲル筆記、ウド・ラーマイル編、牧野広義・上田浩・伊藤信也訳、文理閣、2010年。この翻訳の出版までに、翻訳原稿の多くの部分について「ヘーゲル論理学研究会」(日本科学者会議大阪支部の研究会)で検討を行っていただき、参加者の皆さんから翻訳原稿の間違いや不十分な点などについて指摘していただいた。参加者の谷口義治氏(滋賀県立大学、数学)からは講義録編集者による補足とは異なる読み方もご教示いただいた。
3) G. W. F. Hegel, *Wissenschaft der Logik,* Gesammelte Weke, Bd.11,12, Hrsg. von F. Hogemann und W. Jaeschke, Felix Meiner Verlag. 1978, 1981. 邦訳は、武市健人訳『大論理学』全三巻四冊(有論は第二版)、岩波書店、および寺沢恒信訳『大論理学』全三巻(有論は第一版)、以文社。
4) G. W. F. Hegel, *Enzyklopädie der philosophischen Wissenschaften (1817),* Gesammelte Weke, Bd.13. Hrsg. von W. Bonsiepen unter Mitarbeit von H.-C. Lucas und U.Rameil, Felix Meiner Verlag, 2000.
5) G. W. F. Hegel, *Enzyklopädie der philosophischen Wissenschaften (1827),*

第5章

講義録の中に見るヘーゲル論理学

アンネッテ・ゼル

牧野広義　訳

1　編集作業の意義

　本というものは常にすでにできあがったものではなく、降ってわくようなものでもありません。私たちが読者として哲学的、文学的、あるいは音楽的な作品をひもとく以前に、すでに長い仕事の過程が先行します。この過程の初めには作者による作品の執筆があります。作品は以前には（部分的には今日も）手書きでしたので、したがって作品はまず草稿として存在します。ある場合にはテキストがすぐに印刷できる形態で確定されて、作者の生きている時代に出版されたものもあります。しかし多くの手稿や楽譜は、今日に至るまで未だに公刊されていません。したがって現代的な編集によって初めて、文書館や図書館の中で未公刊のままになっているものが公開できるようになります。しかし芸術や学問の作品は、埋もれた文化的資源を公共的に利用できるようにするために、いずれにしても編集されなければならないでしょう。偉大な精神的な業績は、ほとんど常に過去の作品についての正確な知識によって支えられています。こうして編集作業は、過去をふり返って現在をよりよく理解し、新しいものを生み出す可能性を与えるものです。編集作業はまた文化的業績の一種の保管場所と見なすことができます。編集作業なしには、

幾つかの手稿は忘れ去られ、また素材的にも腐朽してしまい、そのために後代にはもはや利用できないものになってしまうでしょう。それゆえ哲学的著作や文学的著作の編集は、その学問的価値においても、またその文化的および政治的意義においても、学問的生活や精神的生活の本質的な構成部分をなします。その影響は専門分野での受容を超え、各国の国境を越えて広がります。多くの人に読まれている著者たちの編集のことを考えてみましょう。編集作業は歴史的な状況のもとで成り立ちますので、それは同時に一定の学問的および政治的見解の表現でもあります。歴史的状況は常にまた編集作業に影響し、同時に編集作業が時代の学問的および文化的思考に影響を与えます。際立った事例をあげると、マルクス・エンゲルス大全集（MEGA）は、以前はソ連共産党中央委員会のもとのマルクス・レーニン主義のための党研究所によって決定されましたが、1989年の転換の後に再編成されました。まず1990年に国際マルクス・エンゲルス財団（IMES）の設立によって研究所の再編が行われました。その目的は「純粋に学問的な基礎にもとづいて、政治的に独立に」マルクス・エンゲルス大全集の編集作業を継続することです。そしてそれ以来、当財団が新MEGAの諸巻の編集機関として機能しています。1992年には編集方針の改訂のための国際編集者会議が開催され、そこでは編集方針の核心としてとりわけ、さらに厳密なテキストの正確さ、使用された研究文献の正確な紹介、および注釈における厳密な世界観的中立性が義務づけられました。最後にまた、党に近いディーツ出版社からアカデミー出版社へと出版社の変更が行われました。この事例をここであげたのは、編集作業の政治的次元を明らかにするためです。

　忘れてはならないことは、編集すべきテキストを選択することはまたすでに、どの著者が編集に値し、どの著者は値しないかという評価を行うことです。それゆえ編集作業は常に解釈上および政治上の決定に依存します。そのさい、編集の影響力を軽視してはなりません。編集は学問的な前進に持続的に影響を与えます。そして著者ないし哲学者について

それまでに成立していた全体像に疑問を提示したり、それを正すことさえありうるのです。歴史的・批判的編集は、その中に示された研究成果によって、すでに知られたテキストを異なった仕方で評価したり、音楽に関しては異なった仕方で演奏することに導きます。学問の領域で著者が新しく発見されたり、また演奏会場やオペラ劇場で作曲家が新しく発見されることも、まれではありません。

2　編集者の仕事

　編集作業一般についての以上の前置きは、編集作業にどれほど大きな意義があるかを示す上で、ここではこれで十分でしょう。私たちの前にある哲学的著作は、すでにできあがったものとして与えられる客観的な素材ではありません。著者と読者との間には編集者が存在します。編集者はその人のやり方で、思想家によって書かれた言葉を読める形にするのです。編集者の意義は、哲学の学生にとってもその学問の出身の幾人かの同僚にとっても、しばしば意識されません。人びとは本を、それが提供されるがままに読み、少なくとも確かな事実として受け取ります。その背後に政治的な決定や編集上の文献学的な決定が隠されていることは、しばしば背景に置かれます。

　編集者の仕事は、しかしまずはいつも同じように始まります。編集者は資料を目の当たりに見ます。この資料はたいてい草稿であったり、今日ではまた電子データであったりしますが、編集者はそれを手がかりにして、テキストの歴史的形態を再現するような確実なテキストを作成しようとします。編集者はテキストを著者が表現しようとした仕方で再現することを望みます。資料に対する忠実さは大変重要なことであり、それはいわゆる歴史的・批判的編集の中に示されます。ヘーゲル『大全集』はそのような編集であると理解されています。歴史的・批判的編集という専門用語をまず明確にしておく必要があります。ボード・プラハ

タによる編集学の専門書は、歴史的・批判的編集について次のように述べています。「テキストないし著作がテキスト批判および編集技術の原則に従って作成された版であり、確実で、誤りを除去したテキストを含んでいるものであり（これが批判的である）、テキストの生成にいたるすべての異文を記録したものである。テキストの記録は、テキストの歴史およびその成立史、著者の生存時代への影響史の叙述によって、またテキストを解明する注解によって補足される（これが歴史的である）」。それゆえヘーゲルの講義録は、歴史的な記録として無批判的で実証主義的な仕方で公刊されるのではなく、可能な限り著者の思想を公刊することが必要です。それに代わるやり方は、筆記録をもっぱら書き換えるだけで、それゆえ書き写して、公共的に利用できるようにすることでしょう。このような仕方では編集者はもっぱら解読者にすぎず、ヘーゲルの思想をテキストの資料のかたまりから取り出すことは読者に委ねられることでしょう。しかし編集者の具体的な仕事においては、テキストの書き換えは単に第一段階にすぎません。つまり、編集者は手稿を解読して、コンピュータを使って印刷された形にします。ある学生はかつて私に、「あなたはテキストを単に書き写しているだけです」と言いました。この「単に」は幾つかの点で認めることはできません。解読が困難な手稿が実際に存在し、テキストを書き換えるためには多くの哲学的な専門知識と良い目と多くの忍耐が必要なのです。テキストの書き換えと並んで、・テ・キ・ス・ト・批・判・的・な・補・助・資・料（ein textkritischer Apparat）の作成が重要な課題となります。編集作業は、テキスト批判的で注解的な補助資料によって、公刊されるテキストを解明することです。楽譜や手稿テキストは、構成されたテキストを学問的に検証するために、テキスト批判的な補助資料を必要とします。テキスト批判的な補助資料は、たいていページの下に付けられて、読者が実際のテキストを知り、場合によってはテキストの異文を知る手助けとなります。それゆえ補助資料は、テキストの信頼性の程度を高めることになります。例えば、テキストの中にある文法的な

第 5 章　講義録の中に見るヘーゲル論理学　　　　　　　　　　　　　　85

　誤りは訂正されますが、このときにはこの訂正はテキスト批判的な補助資料の中で付言されます。編集者のいかなる介入も記録されます。

　編集作業は同様に注解を必要とします。というのは、読者はテキストが成立したすべての連関を見通してはいないからです。この注解は、テキストの成立史と影響史によって補完されます。注釈（Kommental）はたいてい巻末に置かれ、それなしにはテキストが理解できないような、著者の他の著作への言及や当時の議論を解説します。編集報告(editorische Berichte)は、著作の形態と伝承史についての説明を与え、そのことによって初めて出版されるテキストを学問的に利用可能なものとします。読者はたいてい草稿を見ることはできませんので、各々の草稿ないし筆記録はその外形が記述されます。そのような報告は編集の付録の中に見られます。こうして、それらのことに私のような編集者は毎日携わっています。電子的なデータの加工は編集者の仕事日の中でますます大きな役割をもっています。一方では、プログラムが開発されて、その助けによって編集作業ができます。他方では、編集作業はデジタル波で提示されます。また編集作業はインターネットによって一般的な利用のために提供されます。

　編集者がこのような仕事をして、出版されるべきテキストを加工した後は、テキストをある形態にすることが必要です。ヘーゲルの講義録の場合は本にすることが問題です。出版社との協同作業が、私たちの場合はハンブルクのフェリックス・マイナー社との協同作業が、始まります。そのさいに本についての私たちの判断を決定するのは美的な基準でもあります。本は読者のために実用的で美的な仕方で提供されるべきです。それゆえ本の形態と字体が議論されます。同様に本の大きさと色は編集計画の最初に決定されなければならないでしょう。以上では、編集者の仕事を一般的に一瞥しました。それは当然、出版されるべき著者によってそれぞれ異なります。ラテン語やギリシア語のテキストには、言語の知識と並んでまた、ヘーゲルの著作の編集者とはまったく異なる能力が

要求されます。私自身はヘーゲル・アルヒーフで仕事をしていますので、ヘーゲル論理学の講義録についての私の仕事を紹介したいと思います。

3　ヘーゲル論理学講義の編集

　以下では、ヘーゲル論理学の講義録の編集作業を問題にしたいと思います。論理学はヘーゲルの体系の中で根本的な学問であり、そこでは思考と存在の様式が展開されます。言い換えれば、思考と存在の様式が自己自身を展開します。ヘーゲルは彼のすべての活動時期において論理学と徹底的に取り組みました。『論理学』をヘーゲルは体系的な著作として提示しました。同様に『哲学的諸学問のエンチュクロペディ要綱』はその三つの版で論理学を第一部として含んでいます。そしてヘーゲルは1819年から1831年まで毎夏学期に論理学の講義を行いました。ヘーゲルが彼のすべての教育活動の中で最も頻繁に講義したのは、論理学です。さらにヘーゲルの体系の中の他の学科は、ただ講義としてのみ成立しました。それらは美学、宗教哲学、および世界史の哲学です。本日の講演の中心テーマである論理学講義は、『エンチュクロペディ』の論理学を踏まえて行われました。そのさい、学生達はすでに出版された『エンチュクロペディ』のパラグラフに基づいて講義個所を知ることができます。『エンチュクロペディ』は、それゆえ概説は、広範な詳論ではなく要約的なパラグラフからなる「手引き」として作成されました。『エンチュクロペディ』の第三版の「序文」では次のように言っています。「しかし概説という教科書の目的のために、文体は簡潔で、形式的で抽象的なものにならざるをえなかった。それは、口頭での講義によってはじめて必要な説明を与えられるという特徴をもっている」[1]。それゆえ講義録によって初めて『エンチュクロペディ』の理解が可能になります。しかしヘーゲルは講義の中で『エンチュクロペディ』の印刷されたテキストを単純にパラフレーズしたり繰り返したりしようとはしませんでし

た。むしろ各講義は、したがって筆記録は、それぞれの重点と固有の特徴をもっています。この講義のためのヘーゲル自身の手になるテキストはほとんど存在しませんので、学生たちの筆記録が決定的な役割を果たします。それゆえヘーゲルの講義を公共的に利用できるようにするためには、筆記録はしばしば唯一の資料となります。これらの講義は、全体として、論理学の二つの公刊された体系的な著作に対する重要な補足になります。ヘーゲルは講義の中でまったく新しい論理学を構想したわけではありません。しかし彼は講義の中で論理学を大変生き生きと直観的に、そして部分的には新しい観点から論じました。

　筆記録は、ヘーゲルの講義に出席した学生たちによってその場で筆記され、さらに大部分は講義の後にさらにもう一度手を入れて清書されました。論理学には、異なった年度の合計10の筆記録が存在します。編集者はこのような素材を基にしてヘーゲルの講義を複製します。この複製は、ヘーゲルの言葉を背景に踏まえた一種の解釈です。論理学講義録を正確に編集するために、復元すべき講義テキストを『エンチュクロペディ』および『論理学』と関係づけます。ヘーゲルはたいてい、まず『エンチュクロペディ』の各々のパラグラフを読んでから、彼の説明をつけ加えます。筆記録にはしばしばパラグラフの数字が学生たちによって書き加えられていますので、その場合には講義テキストは『エンチュクロペディ』と一義的に関係づけることができます。このような状況にあれば、編集者はその編集において正確な、すなわち信頼できるテキストを仕上げることになります。

　講義録を手がかりにして、重要な内容的な考察ができます。ヘーゲルが論理学の「予備概念」と呼んで、本来の論理学の前においている個所は、すべての筆記録において大きな部分を占めます。「予備概念」をこのように詳しく論じることを、講義の組み立てと構想におけるヘーゲルの無能力のせいにすることはできません。むしろこの個所の詳しい叙述の理由はヘーゲルの思考そのものに基づくものです。それゆえ「予備概

念」の意味と目的に関する問いが立てられなければなりません。論理学は、概念が自己自身に基づいて展開して、直接的で純粋な始元から絶対的な理念へと導くべきものですから、体系的には本来、導入ないし「予備概念」を必要としないものです。にもかかわらず、なぜヘーゲルはこのテキスト部分を書き、それを講義の中できわめて詳しく論じたのでしょうか。それは次の点にあります。つまり、ヘーゲルは、本来の論理学がその地点から始まるということが意識にとって認められる所まで、意識を導くということです。こうして、「客観性に対する思想の三つの態度」が成立しました。ここでヘーゲルは、哲学の三つの形態（旧形而上学、批判哲学と経験論、および直接知）を手がかりにして、主観と客観とがどのような関係において考察されるかを示します。そのさいヘーゲル自身はこのような準備において、論理学の前ないし外にとどまっていることに困難さを見いだしています。福音派の神学者カール・ダウプは、ヘーゲルからの手紙で『エンチュクロペディ』第二版の印刷のための最終校正を受け取ったのですが、その手紙の中でヘーゲルは、論理学への導入の拡大があまりにも大きな場所を占めてしまったことを伝えています。ヘーゲルは、簡略化できなかった理由として、ベルリンでの大学の日常業務をあげています。「客観性に対する思想の三つの態度」についてヘーゲルは次のように言います。「ここで私が区別した三つの態度についての論究は時代の関心と合致します。この導入は哲学の前にだけあって哲学の内部には入りませんので、それだけいっそう私にとって困難になりました」[2]。この哲学の前にあって哲学の内部にはないという問題、およびそれと結びついた、ヘーゲルの全体系にとっての帰結については、今日もなおヘーゲル研究者が取り組んでいる問題です。

4　ヘーゲル論理学講義の各筆記録

さて、論理学の講義録を個々に紹介しましょう。イェーナ時代のもの

からは、イグナツ・パウル・ヴィタル・トロクスラーによる 1801/02 年の冬学期の講義が存在します。この筆記録はヘーゲルのイェーナ時代から保存されている唯一の論理学講義録です。この時点ではヘーゲルはまだ彼の弁証法的な論理学の構想を仕上げていませんでした。ここでは、論理学の前段階に出会います。それは、ヘーゲルが自分自身の立場を獲得するために、カントとフィヒテのカテゴリーに基づいて自分の位置をとらえようとしていることを示しています。この講義はすでに出版されています。そして『大全集』の第 23 巻の 1 のために新しい編集原理に従って改訂されました。

　1817 年頃のもので『エンチュクロペディ』の第一版に関係する筆記録が 5 つあります。1817 年のフランツ・アントン・ゴートのハイデルベルク時代の筆記録の中には、包括的な「予備概念」と弁証法の「機能様式」についての詳しい叙述を見いだすことができます。この筆記録は全体として 1817 年の『エンチュクロペディ』の原本とかなりの程度において異なります。しかしすでに「客観性に対する思想の三つの態度」へと仕上っていることを示唆するものです。もっとも「客観性に対する思想の三つの態度」は 1827 年の『エンチュクロペディ』の中で初めてそう名づけられ、完成されたのです。ここではまず形而上学の歴史的時期が登場します。次に経験論と批判哲学が取り上げられます。また直接知および特にヤコービが言及されます。とりわけ強調すべきことは、この筆記録における「予備概念」は全体として、ヘーゲルの自然哲学的思考、および弁証法と生命との一定の一致を明示していることです。生きた自然の規定は講義を貫いており、弁証法と生命との関係は次の命題において頂点に達します。「弁証法的なものは生命一般の脈動です」[3]。「予備概念」と論理学の三部門〔有論・本質論・概念論〕と並んで、弁証法の立ち入った規定がこの講義録の特徴をなしています。次の引用は、弁証法と自然的生命との結びつきを示します。「弁証法はあらゆる意識や思考の中と同様に、またあらゆる世界の中に登場します。例えば、緑の

葉は色あせ、すべての動物とすべての植物の種属は変化し滅びます。死と事物の変化の萌芽、これがその弁証法的契機です」[4]。

　1823 年のハインリヒ・グスタフ・ホトーの筆記録が存在しますが、それはしかし途中で中断して、「予備概念」のみを含んでいます。この筆記録はヘーゲルの発展史の中で特別な仕方で興味深いものです。というのは、それはレオポルト・フォン・ヘニングがいわゆる友人の会版の編集において公開したものなので、その筆記録の抜粋がこの版のいわゆる「補遺」として読むことができるものであり、1823 年の講義の筆記録とは確認されないまま、すでにヘーゲル受容の中に入り込んでいるものだからです。ホトー筆記録のパラグラフ数の付け方は同様に 1817 年の『エンチュクロペディ』に従ったものであり、それに対応して§12 から始まります。それは 1827 年の『エンチュクロペディ』において初めて仕上げられた思想を含んでいます。例えば、ここでヘーゲルはすでに客観的思考ないし客観的思想について語り、そのことでもって、思想はもっぱら主観的なものであるという見解に反対しています。それに続いて、1817 年の『エンチュクロペディ』と同様に、形而上学についての詳しい考察と規定が述べられます。それは存在論、合理的心理学および合理的宇宙論、さらに自然神学に区分されます。論理学の課題は、すなわち思考の学問であるということですが、それをかつては形而上学が引き受けました。「なぜなら、形而上学は思想の対象を思想諸規定において把握しようとしたからです。それゆえ形而上学は思考することであり、自分を自分の中で明確に把握することでした。しかし次に形而上学は、思考諸規定が適用される、一定の対象をもちました。それゆえ、形而上学はその内容として、先の思考諸規定が関わった一定の対象をもちます。しかしこれらの対象そのものはまったく普遍的な対象であり、同様に思想の土台に属するものです。すなわち、それは精神、世界、神です」[5]。それゆえ形而上学は、思考諸規定と、したがってまた思想の推理を問題にしましたので、ヘーゲルは当時の形而上学を論理学との直接

的な関係でとらえました。それはまたヘーゲル自身の論理学に関係することを意味します。「それゆえわれわれの論理学は古い形而上学と関係する」[6]。ホトーはこの筆記録によって大変賢い学生であり筆記者であることを示しています。ヘーゲルの思想は筆記者によって貫かれています。そのことはまた筆記録の欄外に書かれた書き込みが立証しています。それは筆記者が体系的なまとめを書いたものです。この書き込みないし欄外覚え書きは、確かにヘーゲル自身の言葉ではありませんが、ヘーゲル論理学を信頼できる仕方で記録する出来映えのよい筆記録であることを表現するものです。

　ホトーによって筆記された講義の1年後、ヘーゲルは1824年の夏学期に再び論理学の講義を行いました。それはジュレ・コレヴォンの筆記録によって伝えられています。ここでもまた、思考の対象、方法およびあり方についての反省が講義の最初に行われます。『エンチュクロペディ』の第二版において初めて仕上げられた「客観的思考」についての思想はここでも同様に論じられます。1827年の『エンチュクロペディ』の§24で、ヘーゲルは客観的思想について語ります。それは真理であり、哲学の絶対的対象です。それゆえ悟性と理性は単に主観的なものだけではなく、また「世界の中に」あります。「しかし客観的思想という表現は不都合なものです。なぜなら思想という表現は普通には単に精神や意識に属するものとして用いられ、同様に客観的なものという表現はまず非精神的なものだけに用いられるからです」[7]。主観的思考と客観的思考の問題を、ヘーゲルはコレヴォンの筆記録の中で詳しく分かりやすく反省しています。「人びとは思考を学びます（また思考を主観的な意味で受け取って、その中で考え、その中で思想の訓練をします）。論理学は思想だけに、しかも純粋な思想だけに関わります。それゆえ論理学は思考の訓練を行い、そのことで主観的な熟達を提供します。思考はもはや主観的なものではなく、客観的なものであり、客観に関係するものとしてとらえられるならば、その内容は主観的なもの以上のものです。こう

して思考は熟考となり、何ものかについての思考となります。熟考とは、感性的な現象にはとどまらないこと、直接的な表象を超え出ていること、本質的なものが探求されることです」[8]。そしてここでは、客観的思考という表現が非精神的なものという意味で使用されないときには、『エンチュクロペディ』からの上記の引用で述べられた不都合が起こります。ヘーゲルの意味での客観的思考に到達するためには、純粋に主観的な思考を、したがって一面的な思考を克服することが必要です。ヘーゲルは主観的な思考諸規定はまた存在の諸規定であることを示そうとします。「それゆえ客観的思考は規定された存在を度外視しないならば、普遍的なものの活動であり、活動するものとしての普遍的なものです。──普遍的なものは、さまざまなものから切り離されたものとして、普通に表象されるものではありません。普遍的なものは活動的なもの、作用するもの、規定するものとしてあります。論理学はこのような意味での思考についての学問です」[9]。このように、コレヴォンの筆記録においてヘーゲルは特にこのような客観的なものの思想を展開しましたが、それは1827年に初めて体系的に叙述されるのです。もちろん、120ページにおよぶジュレ・コレヴォンの筆記録は、客観的思考についてのこのような考察に掛かり切りで解説するものではありません。ここではこの講義の単に一つの観点を述べることができただけです。この講義録は全体として有論、本質論および概念論を包括しています。

　1825年のヘルマン・フォン・ケーラーの筆記録は、同様に1827年の『エンチュクロペディ』を背景に踏まえて成立し、そのパラグラフ数の付け方に従っています。しかしこの講義録は断片であり、「予備概念」の真ん中から始まっています。それに先行するパラグラフは欠落しています。編集者はまた常に筆記録の形態を吟味しなければなりませんから、ケーラーのテキストについて言えば、これは講義中のノートであると言うことができます。このノートは書き換えるのが困難なものです。というのは、多くの短縮語が使われ、字体はこの学生が大変速く書いたこと

を推測させるものだからです。しかしこの筆記録は内容的には興味深いものです。というのはここでは幾らかの欠落はあるものの、論理学の三部門がすべて論じられているからです。

　おそらくは1826年に由来する筆者不明の筆記録において、ヘーゲルは思考を規定するにあたって、ゴートの筆記録におけるのと同様に、人間は常に考えるということから出発している点で、興味深いものです。たとえ人間は感じるものであり、感性的に振る舞うとしても、考えるものです。まず表象から出発して、ようやく最後に思考とは何かを知ることが、人間の本性です。この個所では、『エンチュクロペディ』における表象概念は使われていません。ヘーゲルによって書かれた概説との異同は思考の三つの様式への区分にもあります。筆者不明の筆記録では、「1）思考が包みこまれた様式、あるいは感性的な知覚、／2）反省の様式、／3）論理的思考、論理学の哲学への関係」[10)]とあります。思考のここであげられた三つの様式は、1817年の『エンチュクロペディ』と1827年の版の中で取り上げられた、思考の三つの叙述に単に間接的に関係づけられるにすぎません。ヘーゲルはここで事柄においては確かに概説書とは異なることはなく、この時期においても思考の明確な規定と、主観と客観との関係の規定に取り組んでいることを示しています。またこの筆記録には、主観と客観との関係を哲学史的に規定し批判する、客観性に対する思想の三つの態度が準備されています。とりわけ旧形而上学と経験論およびカント哲学についての詳論はそのことを示しています。筆者不明の筆記録はもっぱら「予備概念」の叙述ですが、しかし途中で中断しています。「筆者不明」の背後にどのような人物が隠れているのかを見いだすことはできません。またそれの明確な年代を確定できるかどうかも不確かです。その筆記録はアーヘン（ドイツ）の州立図書館に保管されています。それは同一の筆者による1826年の美学講義録とともに綴じられており、したがってそれらが同じ学期の二つの講義であると推測することは自然なことです。

1827年の『エンチュクロペディ』のパラグラフ数の付け方に従った、二つの筆記録が存在します。ヘーゲルは1827年以来この第二版を基にして講義を行いました。そこで『エンチュクロペディ』の第二版に対応して最初に作成された筆記録は、カロル・リベルトによる1828年のものです。ポーランド人の学生であるカロル・リベルトの筆記録は、多くの言語的な弱点を示しています。ここで編集者は意味のある講義録を作成するために、しばしば介入しなければなりません。すべての介入は、上記のように、テキストの補足資料の中で明らかにされます。したがって読者には、手稿においてはもともとどのような表現や言葉が使われていたかが分かります。またリベルトの筆記録は詳しい「予備概念」を含んでいます。それは草稿全体のほとんど半分を占めています。ここでは同様にまず、思考の学問である論理学一般が問題にされます。そしてヘーゲルはどのように論理学の方法を説明し、さらに本来の始元にまで導くかが明らかになります。このさいまず、真理が問題にされます。真理は第一に対象に関わり、第二に精神の活動に関わります。私たちの概念は対象と一致しなければなりません。真理を獲得することが私たちの課題です。それは、精神の活動によって、あるいは感性によって成立します。しかしまた感覚によっては経験できない対象があります。「すなわち宗教と人倫です。神とは何か、私の使命とは何かがまず第一に問題になります」[11]。これらの思想は、印刷された『エンチュクロペディ』のテキストに対応します。リベルトの筆記録では、次のことへの反省に連結します。すなわち、神は感覚では認識できないものだから、神はいかにして把握できるか、ということです。そのようにして神は主観的なものと結びつかなければなりません。それゆえヘーゲルの思想は論理学の対象と方法に転換します。なぜならヘーゲルの目標は「認識の本性を探求すること」[12]だからです。この課題については、次の困難性が明らかになります。すなわち、人はいかにしてこのような認識を獲得しうるのか、そしてとりわけ、そもそも人はいかにしてまた何から認識を始め

るべきか、ということです。「認識とは何かということを私たちは確かに知らなければならないでしょう。論理学の全体において、その結論は、認識とは自分を認識することであるということです。認識は、そこから始めることができるものであるよりも、むしろ結論をなすものです」[13]。

　ベルギー人のイポリト・ロランの1829年の筆記録は論理学の全体を含み、160ページの草稿からなります。この筆記録の特徴はラテン文字で書かれていることです。すべての他の筆記録はいわゆるドイツ文字で書かれていますが、それは今日のドイツではもはや使われないものです。その他に、ロランは自分自身の略語システムを使っています。それがまず編集者によって解読されなければなりません。ロランのドイツ語の知識は、確かに理解できるテキストにしてはいますが、しかし多くの正書法上の誤りが筆記録を通してあります。しかしここでは論理学の全範囲が叙述されていますので、この筆記録もまたヘーゲル論理学の重要な証言です。

　1831年の筆記録は『エンチュクロペディ』の第三版に準拠したものです。この資料は、ヘーゲルが死亡する前の最後の講義を、当時ほぼ18歳であった息子のカール・ヘーゲルが筆記したものですが、このことだけがこの資料をヘーゲル論理学の重要な証言としているのではありません。同年のもので、ジギスムント・シュテルンの筆記録が同様に保存されていますが、しかしそれはカール・ヘーゲルの筆記録の質をはるかに下まわります。またヘーゲルの息子の筆記録の正確さと詳しさは、彼の論理学の勉強を印象深い仕方で示しています。この重要な講義録の牧野教授らによる日本語訳が存在します。「予備概念」が筆記録全体の半分近くを占めます。目立つことは、客観性に対する思想の三つの態度が論じられる前に、導入部分（§19から§25）がヘーゲルによって詳しく叙述されていることです。ここでヘーゲルは論理学の歴史的起源を語ります。ヘーゲルは、人間は、それゆえ主観は、最初は貧弱なものでありながら、衝動によって外面的対象をわがものとする努力をいかにする

かを、詳しく生き生きと描写します。この経過は、最初は本能的なものであって、それについての自覚はまだありません。アリストテレスはすでに対象から出発する論理学を作り上げました。彼は事物を観察しました。しかしそのさい彼は思考する概念へと移ることはありませんでした。アリストテレスの論理学は一面的なものにとどまっています。というのはそれは矛盾を回避しようとするからです。ヘーゲルはまた推理や同一律を批判します。アリストテレスに関するこのように詳しい付論は他の筆記録に見いだすことはできません。アリストテレスの論理学は形式のみを考察しましたが、しかし論理学の真理は内容との関連によってのみ規定されます。形式は内容を規定します。もしも形式が内容において真理でないことが示されるならば、それは一面的な形式です。さらに思考のあり方についての詳論が続きます。この序論は、客観性に対する思想の三つの態度の概観を詳しく仕上げています。論理学の三部門も同様に、『エンチュクロペディ』の論理学の包括的な像を示しています。

5　まとめ

　この講演では、編集者の「仕事場」を一瞥していただこうとしました。そこでは編集者は論理学の講義録に、編集作業として、文献学的に、体系的に取り組まなければなりません。それは、講義録のテキストを職人的・文献学的に、また常に哲学的に、出版できるものにするためです。そしてこうして論理学の講義録は、アカデミー版『大全集』の第23巻の1および2として公共的に利用できるようになるのです。講義録が『エンチュクロペディ』の出版された版に比べてもっている長所は、講義の生き生きとした姿と詳細さであることは確かです。筆記録に対してどのような視点が向けられるかに応じて、出版された著作に対する多くの革新が筆記録の中に発見されることでしょう。それは論理学講義録の将来の読者自身によって発見できることです。講義録を手がかりとして、

ヘーゲルの体系における重要な部分の発展史を追跡することができます。最後に、論理学講義録をもとにして、ヘーゲルの体系の他の学科との関係も明らかになるでしょう。このような全体的視点と、ある年次の諸講義の並行的な考察によって、ヘーゲルの思考の傾向や発展段階を区別して論じることができます。ある年次には例えばある特殊なテーマ化が際立つとすると、この特殊性が他の学科でも現れているかどうかが検討できます。しかしこのような課題は、すべての筆記録が読めるようになって、つまり出版された形で存在して初めて解決できます。それゆえヘーゲルの講義録は彼の思考の重要な部分を成します。ヘーゲルがベルリン時代に尽力したのは、まさに講義です。このように、公共的に利用可能にし、他の言語への翻訳も可能にするための重要な部分が、ボフムのヘーゲル・アルヒーフの編集者たちが担っている編集の任務なのです。

　ご静聴、ありがとうございました。

注

1) G. W. F. Hegel, *Enzyklopädie der philosophischen Wissenschaften im Grundrisse* (1830), unter Mitarbeit von Udo Rameil hrsg. von Wolfgang Bonsiepen und Hans-Christian Lucas, Gesammelte Werke Band 20, Hamburg 1992, GW 20, 27.
2) Brief an Daub vom 15. 8. 1826, in: *Briefe von und an Hegel*, hrsg. von Johannes Hoffmeister, Band III, 3. durchgesehene Aufl. Hamburg 1969, 126. Vgl. auch 149f.
3) G. W. F. Hegel, *Vorlesungen über Logik und Metaphysik. Heidelberg 1817. Mitgeschrieben von F. A. Good*, 13.
4) Ibid., 12.
5) *Vorlesung zu Logik und Metaphysik. Sommersemester 1823. Nachschrift Heinrich Gustav Hotho*, Manuskriptseite 14v.
6) Ibid.
7) G. W. F. Hegel, GW 19, 49.
8) *Vorlesung zur Logik. Sommersemester 1824. Nachschrift Jules Correvon*, Manuskriptseite 2 f.

9) Ibid., 4.
10) *Vorlesung über Logik und Metaphysik. Sommersemester 1826. Nachschrift Anonymus*, Manuskriptseite 224.
11) *Vorlesung zur Logik. Sommersemester 1828. Nachschrift Karol Libelt,* Manuskriptseite 6.
12) Ibid., 12.
13) Ibid., 10.

訳者あとがき

　2011年度の阪南大学外国研究者招聘制度によって来日されたアンネッテ・ゼル氏（PD Dr. Annette Sell、ドイツ、ボーフム大学、ヘーゲル・アルヒーフ共同研究員、教授資格取得者）が、3月25日（金）に一橋大学の佐野書院にて講演された。テーマは「講義録から見たヘーゲル論理学」であった。当日の司会と通訳を大河内泰樹氏（一橋大学准教授）が担当され、私が講演の翻訳を担当した。本章はその翻訳である。本書への収録にあたって各節に表題を付けた。また（　）内は原文のものであり、〔　〕内は牧野の補足である。

　ゼル氏は、現在刊行中の『ヘーゲル大全集』の中の「論理学講義録」の編集作業を担当されている。この編集作業の意義と彼女が編集している10種類の各講義録の特徴と意義などを講演された。討論では、ヘーゲルが詳しく講義した「予備概念」の意義、弁証法と生命との関連、ヘーゲルが教科書として使った著作（要綱）と講義の内容との関連などが議論された。懇親会では、ドイツと日本のヘーゲル研究、若手ヘーゲル研究者の育成の課題、ドイツと日本の研究体制などについて交流が行われた。

第2部
ヘーゲル哲学を読み解く

ベルリン大学の正面。現在はフンボルト大学と呼ばれる。物理学者のヘルムホルツの銅像が立っている。(2002年3月筆者撮影)

第1章
ヘーゲル論理学と矛盾・主体・自由

はじめに

　G. W. F. ヘーゲルは『大論理学』[1]において、アリストテレス以来の形式論理学を改作し、カントの超越論的論理学を超克する新しい論理学の樹立を目論んだ。それは、弁証法的なカテゴリー体系によって「本来の形而上学」を構築するとともに、哲学の方法論を提示する。このような視点から、ヘーゲル論理学における「矛盾」、「主体」、「自由」について考えたい。

1　ヘーゲル論理学の課題

　ヘーゲルは、1812年3月22日の日付で、『大論理学』第一版「序文 (Vorrede)」を執筆した。それは次のような言葉から始まる。「哲学的思考様式がおよそ25年以来われわれの間でこうむった完全な変革、すなわち精神の自己意識がこの時代に自分を超えて到達したより高い立場は、これまでのところまだ論理学の形態にはほとんど影響を及ぼさなかった」(GW11, 5, 上1, 1)。つまり、カントの批判哲学以来のドイツの「哲

学革命」においても、まだ論理学の変革には至っていない。この論理学の変革という点に『大論理学』の第一の課題がある。

　ヘーゲルは続いて言う。「この時期の前に形而上学と呼ばれたものは、いわば根こそぎに一掃され、学問の列から消滅してしまった」(ibid., 同上)。これは、一方ではカントによる旧形而上学への理論的批判と、他方では「理論的洞察」は有害で「訓練と実用的な教養」こそが有益だとする近年の教育学と時代の要求による。ここから、「形而上学をもたない教養ある民族という奇妙な光景」が出現した。それはあたかも「多彩に飾られながら、本尊のない寺院のようだ」(GW11, 5f., 上1, 2)。ここには、形而上学の再建というヘーゲルの問題意識が強く表現されている。これが『大論理学』の第二の課題である。

　この第一の課題と第二の課題は一つに重なる。すなわち、「本来の形而上学あるいは純粋な思弁的哲学をなす論理学」(GW11, 7, 上1, 4)を構築することが『大論理学』の課題なのである。しかし、そのためには学問の方法を変革しなければならない。「本質的観点は、そもそも学問的取り扱いの新しい概念が重要だということである」(ibid., 同上)。その新しい概念とは、悟性による抽象的規定から矛盾を見出し(否定的理性)、かつこの否定的なものから肯定的なものを把握する(肯定的理性)という精神の「弁証法」である。このような精神の運動が「認識の絶対的方法」である。この方法は学問の内容と切り離されない。ヘーゲルにとって方法とは「内容そのものの内在的魂」(GW11, 8, 上1, 5)でもある。したがって、「論理学＝形而上学」の内容の体系的展開そのものが同時に「方法」の提示なのである。このような方法論が『大論理学』の第三の課題となる。

　ヘーゲル論理学は、以上の三つの課題を一つの論理学体系を構築することによって遂行する。それは、『精神の現象学』の対象となった意識や精神の運動の原理であり、またすべての自然的生命と精神的生命の原理である「純粋な本質態 (die reine Wesenheit)」を論理学の対象として叙

述することである。この「純粋な本質態」とは「客観的思考」である。すなわち、「思想」が同様に「事柄それ自体」であり、「事柄それ自体」が「純粋な思想」であるような「客観的思考」が、「純粋学」としての論理学の内容である（GW11, 21, GW21, 34, 上 1, 34）。したがって、自然や精神の運動の原理であり、事柄それ自体を把握した思想である「客観的思想」を対象として、それがもっている「思考諸規定」をカテゴリー体系として構築すること、これがヘーゲル論理学の課題となるのである。

　ヘーゲルは、「それゆえ、この論理学の内容は、自然と有限精神の創造以前の永遠の本質のうちにあるような、神の叙述であると表現されることができる」（ibid., 同上）と言う。この言葉は有名である。しかしここで述べられている「創造以前の神の叙述」は、あくまでも表象のレベルの表現である。ヘーゲル自身が、「以上のことを少なくとも表象のうちに受け入れる」ためには、真理が「手でつかめるようなもの」であるという思いこみを取り除く必要があると言っている（ibid., 同上）。その点でプラトンのイデアのとらえ方を例にあげている。つまり、論理学の内容は手でつかめるような感性的なものではなく、世界の根源的原理となる普遍的なものであり、「純粋な思想」である。論理学の内容として重要なことは、「思考の必然的な諸形式と固有の諸規定とが最高の真理そのものである」（ibid., 同上）ということである。つまり、論理学の内容となる「純粋な思想」や「客観的思考」とは、思考諸規定の必然的な展開であり、それが世界の「真理」をとらえたものである。

　ヘーゲルは論理学の体系を「客観的論理学」と「主観的論理学」とに区分する。「客観的論理学」は、部分的にはカントの「超越論的論理学」に対応する。また「客観的論理学」は、「［思想によってのみ築きあげられるべき、世界についての学問的構築物である、］旧形而上学に取って代わる」（GW11, 32, GW21, 48, 上 1, 53、［　］内は第二版での追加）ものである。客観的論理学はかつての「存在論」に取って代わるとともに、「特殊形而上学」（魂論、宇宙論、神学）をも自分のうちに含んでいる。

しかしヘーゲルは、カントの批判によって崩壊させられた旧形而上学をそのまま復活させるのではない。旧形而上学は、魂、世界、神という表象から取ってこられた基体に思考諸規定を適用したのにすぎない。「論理学はこれらの思考諸形式を魂、世界、神という基体から［つまり表象の主語から］自由にして、思考諸形式の本性と価値を即自かつ対自的に考察する。旧形而上学は、このような考察を怠り、そのために思考諸形式を批判なしに使用したという正当な非難を受けた」(ibid., 同上)。ヘーゲルの思考諸規定の考察は、個々の思考諸規定（カテゴリー）を分析して、その意味と同時に矛盾を明らかにし、さらにその矛盾を解決する高次のカテゴリーを導き出すのである。したがって、「客観的論理学は、思考諸形式の真の批判である」(ibid., 同上)。

また「主観的論理学」は、アリストテレス以来の形式論理学で論じられる「概念、判断、推理」を改作し、それらを「実体」を超えた「主体」の形而上学に改作する。それは、カントが『実践理性批判』や『判断力批判』で考察した「実践」や「生命」の論理をも含む「主体」の論理の解明である。「主観的論理学」は、「自由な自立的な、［自己の中で自己を規定する］主体的なもの、あるいはむしろ主体そのものである本質の論理」(ibid., 同上) である。こうして、ヘーゲル論理学においては、「世界についての学問的構築物」としての思考諸規定の体系と、「主体そのもの」の論理体系が、形而上学として展開されるのである。

以上のような「論理学＝形而上学＝方法論」というヘーゲル『大論理学』から、「矛盾」、「主体」、「自由」の論理に注目して論じたい。

2　矛盾の論理

ヘーゲル論理学において、「論理学」の変革および「方法論」として注目されるのは「矛盾」の論理である。ヘーゲル論理学における「矛盾」は、カントのアンチノミーから積極的な意義を引き出し、カテゴ

リーの相互否定と自己否定から全体を概括するより高次のカテゴリーを導出するものである。以下では、その代表的な議論を見ておきたい。

(a) 有論における矛盾

　有論では、「有」、「無」、「成」などの直接的な思考諸規定の「移行」の論理が示される。ヘーゲルは、「無限なもの (das Unendliche)」を「有論の領域で示される矛盾である」(GW11, 287, 中 78) と言う。同時に「有論」第二版においては、すでに「有限なもの (das Endliche)」が「自己矛盾」であるとされる。以下では第二版の叙述に依る。「自己の内在的な限界をもった或るものが、自己矛盾として定立され、この矛盾によって或るものが自己を超え出ようとし、それに駆り立てられるようになると、或るものは有限なものである」(GW21, 116, 上 1, 147-8)。「有限なもの」の矛盾は、「制限 (Schranke)」と「当為 (Sollen)」との矛盾として示される。「当為」とは、有限な或るものがもつ自己の「限界 (Grenze)」を否定し乗り越えさせるものである。「制限」とは、有限な或るもの自身によって否定され乗り越えられるべきものとして定立された「限界」である。当為は制限を定立するが、当為そのものが制限によって制限されている。この「自己矛盾」の中で「有限なもの」は自己を否定し消滅する。

　有限なものの否定と消滅によって定立されるものが「無限なもの」である。「無限性の中には一切の規定性、変化、一切の制限が、およびそれらとともに当為そのものが消滅しており、止揚されたものとしてあり、有限性の無が定立されるという満足が存在している」(GW21, 126, 上 1, 163)。このような無限は、有限なものの「彼岸」である。そうすると無限は有限とは「相互に他のもの」として定立され、有限と対立する。ヘーゲルはこのような無限を「悪無限 (das Schlecht-Unendliche)」ないし「悟性の無限」と呼ぶ。この悪無限は悟性によっては「和解されず、解

決されない絶対的矛盾」(GW21, 127, 上 1, 164) である。そこでは有限と無限とが相互に切り離され、無限は有限を自己の限界としてもつ。それは有限へと切り下げられた無限であり、「有限な無限」という自己矛盾である。また両者が関係づけられるとしても、有限は自己の限界を超えて無限へと進むが、しかしその無限は有限の否定として、有限に対立し、限界と制限をもち、それ自身が有限である。そこでこの有限は再び超えられ、新たな無限へと進まざるをえない。これは、有限と無限とが交互に現れる「交互規定」であり、それが無限に続く「無限進行 (Progreß ins Unendliche)」である。

　ヘーゲルはこのような「悪無限」を分析する中で、「有限と無限の両者が、自己の否定を通じて自己に復帰する運動である」(GW21, 135 上 1, 175) ことを洞察する。悟性はそのような有限と無限との媒介を「看過している」。そこで、有限と無限とが相互に他方を自己の契機として含み、各々が両者の統一であることを把握することが必要である。それは、無限が有限との媒介的関係の中で生成する運動であり、過程であると把握することである。

　「無限が実際にいかに存在するかといえば、それは次のような過程 (Prozeß) である。つまり、無限は自己を引き下ろして、両者の単なる一方となり、有限に対立し、そのことによってそれ自身が有限なものの一つにすぎなくなる。しかしさらに自己自身からこの区別を止揚し、肯定へと至り、このような媒介を通して真に無限なもの (wahrhaft Unendliches) としてあるということである」(GW21, 135f., 上 1, 177)。

　このように、有限と無限のカテゴリーを分析して、両者の相互否定と相互媒介を通じて、「真無限」へといたる論理的過程が提示されるのである。

(b) 本質論における矛盾

　本質論では、関係の論理を固有に論じる「反省諸規定」の中で「矛盾」のカテゴリーが叙述される。「区別一般はすでに即自的な矛盾（der Widerspruch an sich）である」（GW11, 279, 中 66）。なぜなら「区別」とは同一なものの区別であり、同一と区別との統一と分離があるからである。ここから「区別」は「差異」や「対立」へと進展し、「矛盾」が把握される。矛盾の契機としての「肯定的なもの」と「否定的なもの」とは「定立された矛盾」（ibid., 同上）である。肯定的なものと否定的なものとは、すでに「対立」の契機として、第一に各々は他者がある限りで自己があり、自己は他者がない限りである。第二に両者は相互に分離される。第三に各々は他者の規定を自己のうちにもつことによって、それぞれが自立性をもち、相互に他者を排斥する。ここからさらに進んで、肯定的なものと否定的なものは「自立的な反省規定」として、その「矛盾」が次のように論じられる。

　「自立的な反省規定は、それが他の規定を包含し（enthalten）、そのことによって自立的であるのと同一の見地において、他の規定を排斥する（ausschließen）のであるから、それはその自立性において自己自身の自立性を自己から排斥する。……こうして自立的な反省規定は矛盾である」（ibid., 同上）。

　すなわち、「矛盾」とは、自立的な反省規定である肯定的なものと否定的なものとが、他者の規定を相互に包含することによって自己の自立性を保持しながら、同時に他者の規定を相互に排斥することによって、自己の自立性そのものを排斥するという事態である。

　ここから矛盾は自己を解消する。「肯定的なものと否定的なものとは、それぞれの自立性の中で自己自身を止揚する。……この互いに対立するもののそれ自身における絶えざる消滅が、矛盾を通して現れる最初の

統一である。この統一は零である」（GW11, 280, 中 68）。しかしこの消滅において新しい肯定的な結果が定立される。「矛盾の結果は単に零ではない」（GW11, 281, 中 69）。この肯定的な側面から見れば、「対立は、単に没落しただけでなく、根拠へと還帰した（nicht nur zugrunde, sondern in seinen Grund zurückgegangen sein）」（GW11, 282, 中 70）。矛盾の自己解消の結果は、矛盾を定立した「根拠」へと還帰することである。その意味を考えておこう。

ヘーゲルは根拠論の最初で、「反省は純粋な媒介一般であり、根拠は本質の自己との実在的な媒介である。……純粋な媒介とは、関係づけられるものをもたない単なる純粋な関係である」（GW11, 292, 中 85-6）と言う。このような関係づけられるもの、すなわち関係項の規定を捨象した「純粋な媒介」である反省規定の一つとして「矛盾」が考察されたのである。ここでは関係のあり方が固有に問題になり、関係項の性格は問われない。しかし、関係項が「根拠」や「実体」やさらに「主体」として論じられるなかで、「実在的媒介」が明らかになり、「矛盾」についてもよりリアルにとらえられる。こうしてこそ、ヘーゲルが「反省諸規定」の「矛盾」の「注釈 3」で述べたように、「矛盾はすべての運動と生命性の根本である。或るものは自己自身の中に矛盾をもつ限りにおいて、自己を運動させ、衝動と活動性をもつ」（GW11, 286, 中 78）という意味も明らかになる。ここで「生命性（Lebendigkeit）」は生き生きとした活動性という意味で述べられているが、その十分な理解のためには「概念論」の「生命（Leben）」の把握も必要である。本章では、以下で「主体」の論理を考察するところで、「生命」とその矛盾を、「概念論」における「発展」の論理における矛盾として論じたい。

以上のように、ヘーゲルは各カテゴリーにおいて、不可分な契機の相互包含と相互排斥によって、自立的に存立するものが自己否定する「矛盾」を論じ、ここから新たな規定を展開する。そのような自己運動と活動性の源泉がヘーゲルの「矛盾」である。それは、アリストテレスの論

理学の改作の一環として、ある命題を同時に同じ関係で肯定しかつ否定するという形式論理的矛盾とは区別される独自の構造をもつものである。

その意味では、アリストテレスの矛盾律によって示される矛盾（ある命題の肯定と否定として「PかつPでない」）を「矛盾」の基準としてとらえ、ヘーゲルの「矛盾」はそれと合致するかどうかを問う仕方では、ヘーゲルの「矛盾」の真の意味を把握できないと思われる。そしてヘーゲルの「矛盾」は、思考における形式論理的矛盾としても、実在における現実的矛盾としても現れる。私は、思考における矛盾は「PかつPでない」に還元でき、矛盾律に反するが、しかし実在における現実的矛盾は、形式上PとQとの相互包含と相互排斥による両者の相互否定と自己否定の関係であり、それは矛盾律に反しないと考える。したがって、思考における矛盾は思考の発展によって解決され、現実における矛盾は現実の運動と発展の原動力となると考える。

3　主体の論理

ヘーゲル論理学において次に注目すべきは、「主体」の論理である。「真なるものを、実体としてではなく、まさに同様に主体として把握し、表現すること」（『精神の現象学』「序文」）はヘーゲルの根本思想の一つである。このことがヘーゲル論理学の中で遂行されるのである。それは、論理学が同時に形而上学として、「有」・「本質」・「概念」という実在の論理構造の解明を通じて、「実体」の論理から「主体」の論理を発生的に叙述することである。

（a）「対自有」の論理

「有論」の「定有（Dasein）」において、ヘーゲルは第一版では「或るもの（Etwas）はさらにいっそう進んで対自有（Fürsichsein）あるいは物、

実体、主体などとして規定される」(GW11, 66, 上 1, 28) と言う。ここでは、「或るもの」から「対自有」へ、さらに「物」や「実体」からの「主体」の生成が見通されている。第二版においても、「或るもの」から「対自有」へ、そして「概念」における「主体」の論理への展開が見通されている (Vgl. GW21, 103, 上 1, 127)。「主体」の成立にとって、まず有論で注目されるものは「対自有」である。

　「対自有」は、無限と有限とを統一する「真無限」の論理の成果として提示される。対自有とは「他者との関係や共同性を止揚して」(WG11, 86, WG21, 145, 上 1, 190)、自己への関係へと復帰し、「それ自身で有る (für sich sein)」ものである。ヘーゲルは第二版では「対自有」の事例として意識と自己意識をあげながら、「対自有は、限界づける他者に対して論争的で (polemisch) 否定的な態度を取り、他者の否定によって自己内に反省した有である」(GW21, 145, 上 1, 190-1) と言う。つまり「対自有」は、他者との関係を自己の中に包含し、他者との関係をあくまでも自己内の関係とする有である。したがって「対自有は自己の内に閉ざされた定有であり、自己自身への無限の関係である」(GW11, 87, 上 94)。「対自有」はひたすら一つの自己に向かう「対一有 (Sein-für-Eines)」という契機をもつ。さらに進んで対自有は、「一者 (Eins)」となる (GW21, 151, 上 1, 198)。一者は多数の一者と反発しあう原子論的構造へと移行する。このように、「対自有」は他者との関係を止揚して、自己への関係に向かうものであり、自己と他者との相互媒介の関係を定立することができない。そのためにそれは、自己への関係と他者への関係とを統一した「主体」には到達しえない。

(b)「実体」から「主体」の生成

　本質論では、有論には欠落していた相互媒介の関係が固有に論じられる。それが「反省 (Reflexion)」の論理である。そして「絶対者」が「現

実性」の相関関係の中で自己を顕現させる活動である「絶対的相関（das absolute Verhältnis）」の中で「実体」が論じられる。「実体」とは「自己自身との絶対的な自己媒介としての有」（GW11, 394, 中251）である。実体は「映現（Scheinen）」の契機を自己の中に含む総体性であり、「偶有性」を包括している。そのような「実体」が、自己の力によって他の実体や偶有を自己と同一なものとして「産出する（Hervorbringen）」という関係が「因果性」である。原因は能動的実体であり、結果は受動的実体である。原因と結果との連鎖は、結果がまた原因となって結果を生む悪無限的な進行となる。しかしそれだけではない。能動的実体の「作用」に対して、受動的実体は「反作用」を行う。こうして、実体相互の間の「交互作用」が明らかになる。

　ヘーゲルは、「実体の因果性と交互作用を通しての弁証法的運動は、概念の直接的な発生（Genesis）である。これによって概念の生成（Werden）が叙述される」（GW12, 11, 下6）と言う。「実体はただその反対者の中でのみ自己自身と同一であり、このことが二つのものとして定立された諸実体の絶対的同一性を構成する」（GW12, 13, 下9）。つまり、能動的実体と受動的実体という二つの実体の関係は、両者の絶対的同一性として、その同一性を定立する実体の運動としてとらえられる。しかも、二つの実体の関係としてとらえられた実体の運動が、一つの実体の運動としてとらえられる。それが「概念」であり「主体」である。「実体の完成はもはや実体そのものではなく、より高次のものであり、概念であり、主体である」（GW12, 14, 下9）。

　ここで「概念」についてのヘーゲルの注意を確認しておきたい。すなわち「概念は自己意識的な悟性の作用、主観的な悟性と見られてはならず、概念は、即自かつ対自的な概念であり、それは同様に自然および精神の一段階をなす。生命または有機的自然は、そこに概念がはじめて出現する自然の一段階である」（GW12, 20, 下18）。つまり、「概念」や「主体」といっても、それは「主観的な思考」なのではなく、自然の生命に

も精神にも共通する論理を示すものなのである。

(c)「概念」における「主体」の論理構造

「概念」は普遍性・特殊性・個別性という契機をもつ。「普遍性」は、概念の自己同一性の契機である。「特殊性」は、概念の規定性であり、他者との関係の契機である。「個別性」は概念の諸契機の不可分性を定立する。ヘーゲルはこの意味での「個別性」をとらえる意義を次のように言う。「生命、精神、神、および純粋概念を、抽象はとらえることができない。なぜなら、抽象はその産物から、個別性を、すなわち個体性（Individualität）と人格性（Persönlichkeit）の原理を捨て去り、生命も精神もなく色彩も内容もない普遍性に至るからである」（GW12, 49, 下 65-6）。こうして、「概念の総体性」としての「個別性」をとらえてこそ、「生命、精神、神、純粋概念」をとらえることができる。「概念」が示す「主体」の構造は次のようにまとめることができる。

第一に、「主体」は、普遍性の契機によって、他者との媒介を含む自己媒介の構造をもち、他者への関係を自己への関係へと還帰させ、そのことによって自己を形成し、創造するものである。このような動的で具体的な自己同一性が「主体」の特徴である。

第二に、「主体」は特殊性の契機によって「外への反省」と自己からの区別を独自の契機としてもつ。これは、「主体」がひたすら自己との関係に向かう「対自有」や、一つのものに閉じこもる「一者」と区別される重要な側面である。しかも、他者への関係は、実体のような「威力」や「強制力」による必然的関係ではない。「主体」は、他者への関係を通して自己を実現する自由な関係を形成する（自由の問題は以下で考察する）。

第三に、「主体」は個別性の契機によって、自己同一性と他者との関係とを絶えず自己内へと統一する構造をもつ。その意味で「主体」は

「総体性」として、自己の多様性を統合し、自己の諸規定を合致させるものである。

　以上が、「概念」において論じられる「主体」の論理構造である。しかし「主体」の論理は「概念」にはとどまらない。「主体」の論理は、自己を分割しながら関係させる「判断」の多様な形態の発展として論じられる。さらに「推理」では、普遍・特殊・個別の相互媒介の多様な形態の発展が論じられる。以上が「概念論」の第一篇「主観性〔主体性〕」の論理の展開である。そして第二篇「客観性」をふまえて、第三篇「理念」における「生命」や「認識」（認識と実践）の論理が展開され、そして「絶対的理念」に到達する。これらが「主体」の論理を体系的に明らかにするのである。

(d)「生命」の論理

　ここでは、「主体」の論理をいっそう明らかにするために、「理念」論における「生命」について見ておきたい。「理念」では主観性と客観性との関係が問題になる。「生命」は、生きるという目的を内在化させた「内的合目的性」としての「有機体」である。生命は、客観性に対する感受性と刺激反応性をもち、再生産する「生きた個体」である。生きた個体は、外面的な客観性と対立しながら、その中で自己を維持し形成しようとする欲求をもつ。それが「生命の過程」である。生きた個体は客観を自己の中に取り込み、同時に自己を客観化しようとすることによって、自己同一の中で自己を分裂させる矛盾をもつ。「この矛盾の感情が苦痛である。だから苦痛は生きた自然の特権である」（GW12, 187, 下280）。この矛盾は、生きた個体が自己を消滅させるような矛盾ではない。生きた自然は、「他在の中で自己を維持する」という「無限の力をもつ現実性である」（GW12, 187f., 下280）。生きた個体は、その中に矛盾を含むことによって自ら運動する。「個体は客観からその特有の性状を

剥奪し、客観を自分の手段とし、自分の主観性を客観に実体として与えるという仕方で、個体は客観をわがものとする」(GW12, 189, 下282)。生きた個体はこのような「同化 (Assimilation)」を行いながら、他の個体と結びついて生命を再生産し、さらに「類 (Gattung)」へと発展する。以上が、「生命」としての「主体」が、客観との「矛盾」を媒介としながら発展する過程である。

4 自由の論理

ヘーゲル論理学において注目すべき第三は、「必然性」の論理から、それを踏まえた「自由」の論理が提示されることである。「自由」はヘーゲル哲学の核心をなす概念である。ヘーゲル論理学は哲学体系の基礎である「形而上学」であり、「方法論」でもあるという意味で、ここでは「自由」の論理構造が提示される。

(a)「概念」の自由

ヘーゲルは「実体」から「概念」ないし「主体」への移行を、必然性から自由への移行ととらえる。「必然性が自由になるのは、必然性が消滅することによってではなく、必然性においてはまだ内的にすぎない同一性が顕現されることによってなのである」(GW11, 409, 中276)。こうして「概念」は「実体」の必然性を踏まえて「主体性あるいは自由の国」(ibid., 中277) として登場する。ここでいう自由とは、「各々の実体がその他者の中で自己と同一なものとしてのみ定立される」(GW12, 15, 下12) ということである。すなわち、自由とは主体が他者の中で自己を保持することである。

そして「概念」の契機である「普遍」は、「自由な威力 (die freie Macht)」であり、「他者を包括する (über sein Anderes übergreifen) が、強制的ではな

く、むしろ他者の中で安らぎ（ruhig）、自分のもとにある（bei sich sein）」（GW12, 35, 下 42）。その意味で、それは「自由な愛」とも「限りない至福（schrankenlose Seligkeit）」とも言われる。「なぜなら、普遍は区別されたものに対する振る舞いを、もっぱら自分自身に対する振る舞いとして行うからである」（ibid., 同上）。こうして普遍は、他者や区別されたものに対して自己自身に関わるものとして振る舞うのである。それが「愛」であり「至福」である。

(b) 目的的関係における自由

さらに「概念論」の「客観性」において必然性と自由との関係がより立ち入って考察される。「機械的関係（Mechanismus）」においては、物質的なものや精神的なものの伝達や抵抗などにおける規則性や法則的な必然性が論じられる。「化学的関係（Chemismus）」においては、気象的相関や性的相関などのような緊張しあう客観の両項の中和的統一が論じられる。これらの「機械的関係と化学的関係の両者は、自然必然性のもとに一括される」（GW12, 155, 下 227）。ここでの「必然性」とは「相対的必然性」のカテゴリーに対応するものである。それは「或る事柄のすべての条件が完全に現存するならば、その事柄は現実の中に歩み入る」（GW11, 387, 中 240）ということであり、事柄にとって外的な条件によって決定されることである。それに対して、「目的的関係（Teleologie）」は「より高い原理」をもつ。すなわち目的的関係は、「自分の自己決定（Selbstbestimmung）を端的に確信し、機械的関係の外的に決定されること（das äußerliche Bestimmtwerden）からは絶対的に脱却している自由の原理」（GW12, 157, 下 230）をもつ。ここで目的は客観的世界の外にある「主観的目的」として、客観的な世界を自分の前にもつ。そのさい、「機械的あるいは化学的の技術は、外面的に決定されるという性質によって、自ずから目的関係に自分を提供する」（GW12, 160, 下 235）。目的はこの

ような技術を「手段」(Mittel) とすることによって客観に働きかけ、自分の目的を実現する。これが「外的合目的性」の論理である。ここで目的としての「概念」は、「それ自身が原因として、客観性とその外面的な決定可能性に対する絶対的な、自由な具体的統一として、現存在する」(GW12, 167, 下 246)。ここでは目的が自然必然性をもった客観的世界の中で自己自身を実現する自由の論理が示される。しかしこの目的の実現の過程で、手段の不十分さのために手段を求め続ける「無限進行」が現れて、目的がその実現に到達しえないという、「外的合目的性」の制限も論じられる。

(c) 善の理念における自由

さらに「主体」の自由は「善の理念」でも論じられる。「理論的理念」が客観的世界から規定された内容と充実を取り入れるのに対して、「実践的理念」においては、主観的概念こそが現実的であるという確信をもち、自らの概念を客観的世界の中で実現しようとする。このような要求を持った概念の規定性が「善」である。この概念は「意志」として活動する。「意志の理念は、自己決定するものとしてそれ自身で自分の中に内容をもつ」(GW12, 231, 下 348)。しかし、意志が実現しようとする「善」の主観性と、それとは別の世界としてそれ自身の道を歩む客観的世界とが対立する。ここから善の実現が障害を受け、善は「当為」にとどまる。この矛盾をヘーゲルは次のように理解し、かつ解決する。

すなわち「意志が自己を認識から分離して、外的現実性が意志にとって真に有るもの (das Wahrhaft-Seiendes) という形式を獲得していないことによってのみ、意志はその目的の達成を阻まれる。したがって、意志の理念は真理の理念においてのみ補完を見いだすことができる」(GW12, 233, 下 351)。こうして、「真に有るもの」を把握する理論的理念と「善」の実現を目指す実践的理念との結合が必要である。それによって次のよ

うな実践的推理が成り立つ。「行為の推理においては、一方の前提は善という目的の現実性に対する直接的な関係であって、ここでは目的が現実性を支配する。これに対して第二の前提においては、目的の現実性を外的手段として、外的現実性に立ち向かう」(GW12, 233f., 下 351)。ここでは「善」の目的も手段も理論的理念によって「真に有るもの」を把握したものである。そしてこの二つの前提を結合して、目的である概念が手段を通して客観性を獲得する。しかも目的である概念の活動性によって、客観的概念と直接的な現実性との同一性が定立される。「客観的概念の活動性によって外的現実性は変えられ、これによって外的現実性の規定は止揚される」(GW12, 235, 下 354)。こうして、「主体は、いまや自由な、普遍的な自己同一性としてあることになる」(ibid., 同上)。これが、「善」の理念を実現する「主体」の自由である。

以上のように、ヘーゲル論理学における自由とは、主体が「他のものの中にありながら、ただ自己とのみ同一なもの」として自己を定立することである。この「自由」は、主体が他者との関係性を形成しながら、客観的な現実の中で自己実現を行う論理である。それは、ヘーゲルの実践哲学において論じられる、主体と他者との「和解」や「相互承認」の基礎ともなりうるものである。

注

1) テキストは、G. W. F. Hegel, *Wissenschaft der Logik*, Gesammelte Weke, Bd.11, 12, 21, Felix Meiner Verlag を用いる。引用では、同書の Philosophische Bibliothek 版 (Felix Meiner Verlag) に従ってドイツ語の綴りは現代のものに変え、大全集の略号 GW の後に巻(有論第一版と本質論は GW11、概念論は GW12、有論第二版は GW21)とページを記す。有論の第一版と第二版の叙述が同じ場合は、双方のページを記す。また第二版での変更部分は引用文中で [ ] で示す。第一版と第二版とで叙述が異なる場合は、そのどちらかの巻とページを記す。邦訳は武市健人訳『大論理学』全3巻4冊(有論は第二版)、岩波書店、および寺沢恒信訳『大論理学』全三巻(有論は第一版)、以文社、を参照した。引用では、

原書のページの後に、有論第一版のみの場合は寺沢訳の巻（上）、他は武市訳の巻（上1、上2、中、下）とページを記す。

付記
　本章についてのより詳しい展開は、拙著『ヘーゲル論理学と矛盾・主体・自由』（ミネルヴァ書房、2016年）をご覧いただきたい。

第2章

生きた論理学
── ヘーゲル論理学における生命概念の意義 ──

アンネッテ・ゼル

牧野広義　訳

　生命という概念は哲学史の伝統的な概念です。その起源は古典古代にまでさかのぼります。そこでは、「ビオス」と「ゾエ」との区別が行われました。「ビオス」は人間の生き方や生活の仕方を示し、「ゾエ」は植物や動物や人間そのものの生命を示します。プラトンの場合、生命はすでに自己運動として考えられました（Phaidros 245c7-8）。そこでは生命の原理は魂です（Phaidon 105c-d）。アリストテレスの生命概念は多様なものです。『形而上学』第 12 巻では、アリストテレスは思考の活動を生命と呼びました（Met. XII. 7 1072b28）。さらにアリストテレスの生物についての見解は『魂論』をあげることができます。ヘーゲルはそのうえに、アリストテレスの生命の規定はすでに内的合目的性を含んでいるという業績を加えています（Enz1830, §204）。プロチノスは思考、生命および存在という概念を関連づけて考えました（特に Enneade III, 8）。そこでは、生命は観察されるものであるのと同様にまた観察するものそのものです。プロチノスは、「アウトゾエ」について語り、この自己生命はすでに知性的領域にあると言います。このような哲学史の経過は中世および近世の全世紀を通して進みました。またドイツ観念論においても生命概念はさらに展開されました。この概念の歴史は現代にまでおよびます。現代

では生命はとりわけ倫理学や生命倫理学において、同様に生命科学において根本的で多様な役割を果たしています。

　さて、生命は確かにすでに思考との結びつきにおいて、とりわけ認知能力との結びつきにおいて考えられてきましたが、しかし生命についての周知の着想や諸概念を考慮しながら、生命を論理学の中に位置づけるという哲学的挑戦が存在します。ヘーゲルは生命を彼の『論理学』の高い位置に置きます。とはいえヘーゲルの場合、生命は論理学の中に登場するだけではありません。生命の概念はヘーゲルの体系の他の部門でも同様に現れます。その場合、自然哲学が際立った役割を果たすことがさらに以下で示されるでしょう。それに加えて、ヘーゲルにおいて生命概念は、宗教哲学では神の生命として、法哲学では人倫的生命として、美学では生きた芸術作品として、重要です。この講演では、論理学における生命をテーマとしたいと思います。しかし、論理学と生命とを同時に論じることは、両立しないのではないでしょうか。にもかかわらずこの両概念を関連づけるべきだとすれば、両概念を正当に評価するために、生命と論理学はそれぞれどのような性質をもったものでなければならないのでしょうか。ヘーゲルは、『論理学』の概念の論理学において「論理的生命」について語っており、このことによって論理学と生命とを結びつけます。ヘーゲルが論理学の中で生命概念を使用する場合、明らかに次のような紛糾が存在します。つまり、一方で生命は具体的なもの、感性的なものと結びついているけれども、他方で論理学は感性や外面性の契機をもたない純粋に論理的な諸規定を問題にしなければならないということです。その点で、ヘーゲル自身は次のように言います。「生命の理念は具体的な対象に、もっと言えば、実在的な対象に関わるので、論理学の普通の表象によれば、生命の理念は論理学の領域を超えているように思われるであろう」(GW12, 179)[1]。

　この講演では、次のようなテーマについて議論を展開したいと思います。つまり、生命の概念はヘーゲルの『論理学』においてその場所を見

いださなければなりません。なぜなら、論理学が同時に形而上学でもある弁証法的な論理学は、体系上、生命の概念を要求しているからです。このような論理学の要求は、思考の学問であるということです。そこでヘーゲルは、思考諸規定ないし諸カテゴリーがいかに必然的に相互に自己を発展させて、すべての思考可能なものを包括するかを示します。しかしそのような論理学は何ものをも前提してはならず、何ものをも外部から付け加えてはなりません。それゆえそのような論理学は純粋に、無前提に、直接的に始まらなければなりません。それは自分で自分自身を最終的に根拠づけなければなりません。ヘーゲルは、有の概念において論理学の純粋な始まりのためのこのような必然的な性質が与えられていることを見ます。論理学の最初の部分は、それに対応して、有論理学です。そこでは、有の諸規定（質、量、および限度）が問題となり、諸規定は一方から他方へと移行します。続いて、本質論理学では、関係の諸カテゴリーが詳しく論じられます。ここでは、本質は反省として問題になります。反省とは、自分自身に関係する否定性です。論理学のこの部分において、弁証法的思考にとって重要な矛盾の概念が考察されます。矛盾はヘーゲルによれば、回避する必要があるものではなく、一種の「原動力」として思考諸規定をさらに運動させるものです。それゆえ否定性は諸規定の進展にとって決定的な役割を果たします。有論理学と本質論理学とは客観的論理学を成します。なぜならここでは客観の思考が問題だからです。ヘーゲルが主観的論理学と名づけた概念論理学への移行は、概念をその主体性において考察することを可能にします。概念とは、全論理学を担い、有と本質との統一をなすものです。そこでは概念はさまざまな契機を通して自己を展開して、主観性と客観性とが理念において最終的に相互に合致します。このような論理学の目標は、主体と客体とが、内的かつ外的に、動的な統一において相互に合致することによって、達成されます。論理学はこの最高地点を絶対的理念において見いだします。「論理学は純粋な理念についての学問である。すなわち

思考の抽象的な基盤における理念についての学問である」（GW20, 61）。

　この講演で論じようとする生命は、概念論理学の理念編に論理的な位置をもっています。そこでは概念はその外的なものから、すなわちその対象から解放されているとされます。理念においては、概念と実在性との統一が与えられています。ヘーゲルは理念を適合した概念と呼びます。「この理念はしかし概念自身の必然性によって導き出された」（GW12, 179f.）。論理学は、思考諸規定が必然的に相互に自己を発展させる弁証法的運動において、最終的に成立します。論理学は絶対的理念でもって静的な最終地点に到達したのではなく、そこにおいて、ヘーゲルによれば自然というそのまったくの他在に、自分を解放します。このことはそれ自身として問題になることですが、ここでは立ち入った論究をすることはできません。

　この講演では、続いて次の議論を行いたいと思います。すなわち、いかにして生命はこのような論理学と結びつくことができるのかということです。そのために、第一に、ヘーゲルの理念という概念が論理学における生命の前提であることを示します。第二に、論理的生命について叙述する必要があります。それはヘーゲルの理論の推理構造を吟味するためです。結論では、直接的理念と論理的理念とを踏まえて、生命についての思考と論理学という観点から検討の結果をまとめたいと思います。

1　直接的な理念

　理念が概念と客観性との統一として成立するならば、この統一はまず直接的に生命において実現されると、ヘーゲルは言います。それゆえ、生命は理念の第一段階です。「直接的な理念は生命である」[2]と、『エンチュクロペディ』の論理学の三つの版すべてが述べています。そしてヘーゲルはこの命題でもって生命に関する章を始めます。その章は論理学の中の理念に関する編の中にあります。主観性と客観性とが相互に合

致するとされる理念は、論理学の目標であり、同時に最高の規定です。したがって、生命概念はこの著作の展開過程において高い位置を与えられています。そのことによって、生命には、純粋な論理学の探求の内部における配置の困難性があるということは明白であり、さまざまな研究文献によっても指摘されてきました。それゆえ、直接的な理念としての生命について解釈が必要です。ヘーゲルが、諸概念に直接性、個別性あるいは外面性を帰属させるときには、それは常に暫定的な立場を問題にしていることを表示するものです。その立場は、弁証法的な運動によって止揚され、媒介されるものであり、またはそうされなければならないものです。ヘーゲルにおいては直接的なものは、常に他のものへの関係の中にあるということが際立っています。直接的なものは一面的なものであり、それは他の側面を必要とし、他の側面なしにはありえません。それゆえ直接的なものは媒介を必要とします。したがって媒介と直接的なものとは合致します。論理学の課題は、このような直接的なものの媒介過程を弁証法的に考察することです。なぜなら、ヘーゲル哲学によれば、真理ないし原理は前提されてはならず、真理は過程の中で結果として考察されなければならないからです。こうして、『論理学』における始元において（また『精神の現象学』における始元においても）直接性の問題が登場します。有という始元は直接的でなければならず、その場合、まだ抽象的です。弁証法的な行程、すなわち媒介の過程においてはじめて、始元はその十分な真理性を証明します。この講演のテーマとの関連では、ここで考察される概念論理学という新しい段階で——それゆえ理念のレベルで——ヘーゲルは再び直接的なものから始めるのであって、この直接的なものは、それが絶対的理念において自由な概念に到達するためには、弁証法的に媒介されなければならない、ということを見ることが必要です。しかしまさに生命は、直接的であるためには、どのような性質を前提にしているのでしょうか。ヘーゲル論理学の発展史を一瞥してみると、ヘーゲルは先行するニュルンベルク論理学の中では、生命

についてまだ美を述べていました。しかし彼はこの試みをそれ以上は追求せず、それどころか1812年からの『論理学』では、美を論理的生命の契機として考察することを拒否しました（GW12, 180f. 参照）。こうして、生命は論理的な規定として理念編の内部にとどまっています。生命は自然的なものでありながら、確かにすでに概念によって浸透され、それゆえその前提はただ概念のみであって経験的な所与ではありませんが、しかし生命はそのことをまだ自覚せず、まだ主観と客観との直接的な統一として現存します。

　生命のこのような規定は、主要には自然の生命です。そのことは、カール・ヘーゲルによる講義録の §215 では次のように示されています。「理念はまず普遍的なものであり、直接的なものです。そこでは理念は自然であり、あるいはより明確には生命としてあります。理念は最初はあるいは直接的には自然です。しかしこの直接性は理念の根源的分割であり、外面性の中にある理念です。そのようにして理念は自然であり、理念は自分の外にあるものとしての理念です。このような自己外有の最高の段階が生命です」[3]。すでに示唆しましたように、生命の概念はヘーゲルの全著作の中では、宗教的生命、美的生命、精神的生命、あるいは人倫的生命のように、多様な意味をもつものですから、このことの注意が必要です。しかし、生命は自然的なものとしてのみ、理念の最初の直接的な段階をなすことができます。というのはこの段階ではまだ認識は存在しないからです。他の学問分野では、つまり宗教、美学、および法の領域では、すでに精神的なものが存在します。しかし、生命においてはまだ認識は存在しないにもかかわらず、生命は理念の基礎ないし前提でありうるのです。ここに論理的生命についての全理論の核心があります。すなわち、自然的生命が、自分自身を類へと自己組織化するものとして発展する性質をもつことによって、生命は認識へと、それゆえ精神的なものへと移行する可能性を提供するということです。生命は自己運動であり、生命は類を形成するものです。そこで類はもはや直接的なも

の、個別的なものではなく、普遍的なものです。そのさい、類は確かにまだ対自的にあるではありませんが（すなわち、ヘーゲルによれば、類は単純に存在するのではなく反省されたものであるとしても、類は最初のものですが）、しかし類は同時に個別性を超え出て理念の普遍性に至るものです。この過程が個々にどのようにして経過するかは、この講演の第二の部分でさらに論じたいと思います。生命は論理学においては認識へと、それゆえ認識のあり方へと移行します。

　ヘーゲルの自然哲学を参照すると、そこで生命はまた、認識に対応する精神への移行をいかにして可能にするかが示されます。自然哲学においてもまた、自然は他在の形態における理念であるかぎり、理念がこの移行に関与します。自然が自らを展開した最高のものが、生命です。しかしその生命はまた、まだ他在ないし外面性の中にあります。そこで生きた自然の理念は、この最高の段階においてすでに主体性の規定をもちます。自然は相互外面性としては、まだ力学（個別化）と物理学（特殊性）とであり、それらが自然哲学の生命に先行する二つの段階をなします。自然哲学の第三の段階である有機体論は、いかにして理念が生命において現存在に到達するか、つまり「まずは直接的な理念に、すなわち生命に」（GW20, 344）到達するか、を展開します。理念は自然において、外面性以上には進むことができません。「その外面性とは死であり、生きたものとしてあるために自己内に至ることである。しかし死は、さらにまた自然が単に生命としてある規定を止揚して、精神の現存在を産出するものである。そしてこの精神が自然の真理であり、自然の究極目的であり、理念の真の現実性である」（GW20, 241）。それゆえ生命としての直接的な理念は、自然の中で必然的に精神へと移行しなければならず、そのことによって精神のための前提を形成します。したがって、理念は、絶対的理念ないし精神へと発展するための、あるいは認識へと発展するための前提ないし基礎として、生命を必要とするのです。それゆえ、このような理念の構想が、ヘーゲルがなぜ生命を論理学におけるこの位置

において論じるかを明らかにするのです。

　さて、理念の概念をさらに詳しく考察することが必要です。概念論理学の第三編「理念」の導入部において、ヘーゲルはカントと直接に対決する仕方で、理念の概念を叙述しています。理念は真理なのであり、そこでは概念と客観とはもはや分離されず、両者は理念の中に包含されています。カントにとっては、理念は確かに必然的なものですが、客観的な妥当性をもたず、それゆえ客観についての概念は存在しえないのです。それに対してヘーゲルは理念の中に概念と実在性との統一、ないし主観的なものと客観的なものとの統一を見ます。「経験の中には理念と完全に一致する対象は存在しないと言われるのであれば［ここでは、カントによってそう言われるのであれば、と補足しなければならないであろうが］、理念は主観的な基準として、現実に対立することであろう。しかしもしも現実的なものの概念が現実的なものの中になく、現実的なものの客観性がその概念とまったく合致しないのであれば、現実的なものが真に何で・あ・る・べきかを言うことができない。なぜならそれは無であろうからである」(GW12, 174)。それゆえヘーゲルはさらに進んで次のように言います。「すべての現実的なものは、それが理念を自分の中にもち、理念を表現する限りにおいてのみ存在する」(GW12, 174)。ヘーゲルは理念を、主観‐客観として認識します。一方では、主観は客観に関係しますが、他方では、客観は主観をまだ直接に客観の中にもっていません。まだ概念の外面性が存在します。というのは、客観と主観とはまだ同一ではないからです。概念はそれゆえ――ヘーゲルの言葉では――まだ自由になっていません。しかし外面性はヘーゲル論理学では、次のことによって消滅します。つまり、外面性は概念の否定的な統一へと還帰して、すなわち、客観性は、それゆえ外面性は、弁証法的な方法によって媒介され、受け入れられることによってです。このような仕方で、理念はもはや有限的でも不安定なものでもありません。理念は、こうし

て単純な真理として、関係および過程として考えることができます。そのさい理念は、固定した形成物ではなく、理念はそれ自身が運動であり、理念は自分をまず直接的なものとして示します。なぜなら、客観性は今や概念に適合してはいますが、概念はまだ自由になっていないからです。主観と客観とは確かに同一のものですが、しかしまだ直接的です。主観と客観との同一性は確かに現存しますが、しかし依然として反省されていません。理念の直接性は生命として与えられています。そして生命の過程の反省によって、直接性と個別性とはまた克服されます。こうして、理念はヘーゲル論理学の中で自己を発展させて、理念はその絶対的な真理にまで到達します。ある論理学が、概念と客観性とが一つとなる絶対的理念においてその到達点を見いだすべきであるならば、生命は直接的な理念を表現し、そのことによって絶対的理念の前提となるのですから、生命はこのような論理学の中にその場所を見いださなければなりません。生命を欠いては、理念は、したがって真理ないしヘーゲル論理学の全体は、空虚で規定を欠いたものとなり、絶対的なものの要求は満たされないでしょう。私の主張を言い表せば、生命は理念の基礎を形成しますが、同時に、理念は生命そのものであるということです。「理念は固定したものではありません。理念は過程であり、生命です。理念は自分を特殊的なものへと引き下げようと努めます。理念は永遠に移行するものです」。このように、フランツ・アントン・ゴートの1817年の論理学講義録、177ページに記されています。理念はそれゆえ過程として考えられなければなりません。理念は弁証法的な論理の経過の中で、自己自身を産出しました。理念において、概念と実在性とは、あるいは主観と客観とは、合一するとされます。このような統一をヘーゲルは適合した概念と呼びます。それゆえ絶対的理念としての概念の自由が、論理学の到達点です。理念についての以上の考察を背景に踏まえて、以下では論理的生命について、ヘーゲルがそれを『論理学』の中でいかにとらえたかを論じることにしましょう。

2 　論理的生命

　生命がなぜ論理学の中でその場所をもたなければならないのか、という体系的な前提を説明しましたので、いまからは、この生命の概念がヘーゲルによってどのように考えられているのかについて論じたいと思います。これまでのところですでに『論理学』のプログラムについての簡単な概観を見ました。概念は、論理学の最後の部門である概念論理学で論じられます。そこでヘーゲルは主観性、客観性、および理念を展開します。概念は論理学のこの部門の最も重要な概念です。また同時に概念は、有と本質の真理であり、それゆえ論理学の先行する部門の真理です。論理学全体の到達点は絶対的理念であるとされ、そこでは概念（ヘーゲルにとっては主体的なもの）と客観性（外面的なもの）とが合致します。そのような絶対的な要求をもつ論理学は——すでに述べたように——また生命を含んでいなければなりませんが、しかしそれは経験的な生命ではありません。なぜなら純粋な思考諸規定が問題にされなければならないからです。論理学には、「論理学が純粋な思想の形式を」もっている限り（GW12, 179）、概念という前提のみが属します。しかしヘーゲルは生命の概念がもっている困難性を認識しています。なぜならこの概念は自然哲学および精神哲学においても同様にその重要な位置をもち、本来、現実ないし経験への関係をもっているからです。「生命という理念は具体的な対象に、いわば実在的な対象にかかわるので、論理学についての普通の表象によれば、生命の理念は論理学の領域を超えているように思われるであろう」（GW12, 179）。しかしヘーゲルの論理学は、内容的かつ形式的な根拠に基づいて、生命のような概念を許容し、あるいは要求するのであって、生命は生命の理念として極めて高い位置に自分の場所をもつのです。なぜなら、もっぱら空虚で死んだ思考諸形式によってのみ特徴づけられるような論理学は、生命の理念を内容として

含みえないからです。ここで次の重要な言葉を引用してもよいでしょう。
「論理学がもちろん空虚な死んだ思考諸形式に他ならないとするならば、その中ではそもそも理念あるいは生命のような内容は問題になりえないであろう」(GW12, 178)。このようなヘーゲルの主張に基づいて、彼の論理学は従来の論理学とは反対に、生きた思考諸形式を包括するのであり、したがってまた、生命のような内容がその場所をもたなければならないことが結論づけられるのです。それゆえ生きた形式は生きた内容のための前提です。したがって、論理学の生きた形式は、生命の概念という内容のための前提であり、このような論理学の生命性に基づいて、生命の概念そのものがまた論理学の中に含まれなければならない、と言えるでしょう。ヘーゲルは生命を三つの形式に区分して、1. 生きた個体、2. 生命の過程、3. 類、を論じます。

　生命の第一段階は、生きた個体です。それはまだ個別的な生命です。ヘーゲルは生きた個体を特徴づけて、生命を魂として語ります。魂とは自分自身を運動させる原理です。ここで、これまでにすでに論じた自己運動という契機に再び出会います。しかし魂はまた生命性によって特徴づけられます。今や生命は肉体と魂との関係として考察されます。したがってまた、ここでは現実的な自然の生命が問題になるという外観が生じることでしょう。にもかかわらず、それは確かに論理的生命であるべきであって、論理的生命は自然や精神ではありません。このような要求にもかかわらず、ヘーゲルは生命の自然的形態を背景に踏まえて、理念の直接態を論じます。それは肉体と魂との関係であるためにまだ外面性の形式をまとったものですが、しかしすでに概念的に媒介されています。生きたものの客観性をヘーゲルは有機体と呼びます。それは多くの肢体から成っています。そしてこの有機体はすでに概念によって「魂を吹き込まれて」いますので、有機体はまた概念の規定を、つまり普遍性、特殊性、個別性という規定をもっています。ヘーゲルは、概念論理学の

主観性の編で展開された推理論の表現を用います。それゆえ、生命はまた推理の論理的作用に従って成立しています。「生きたものは推理である。その契機はそれ自身が自己内での体系であり推理である」。ヘーゲルは上にあげられた論理的諸規定（A 普遍、B 特殊、E 個別）を、動物有機体の規定に与えますが、それは『エンチュクロペディ』の自然哲学（§350ff）において展開するものと同様です[4]。しかしまた逆に、彼は動物有機体の特徴に論理的諸規定を与えたとも表現できるでしょう。その特徴とは次のようなものです。

　・感・受・性は、神経における刺激の受容によって特徴づけられますが、直接的な普遍性（A）であるとされます。なぜなら、感受性は外面性を自分の中に受容するからです。感受性は外面的なものを受容するこの能力によって、普遍的なものであり、まだ分離されていないものでありえます。

　・刺・激・反・応・性は、外からの刺激に反応し、筋肉の活動に対応します。この刺激反応性によって概念は自分を特殊化します。このことによって生きたものは、外面性ないし客観性へと関係して、それとの相互作用に入ります。この能力によって生きたものは、さまざまな種に区分されます。それゆえ生きたものは、自分の中で自分を区別する・特・殊・なもの（B）でありえます。

　最後に、概念は以上の外面性から自分へと還帰し、そのことによって・個・別・的・な・もの（E）へと還帰します。子どもの再生産において、生きたものは個別的なものとして生命にふさわしいものです。再生産はそれゆえ、最初の二つの形態の前提です。生きたものは、再生産によって生きたものを産出し、生きたもの自身を保存します。

　以上の論理的な定式（A-B-E）によって、またヘーゲルが最初はシェリングの自然哲学から取り出した動物有機体（感受性、刺激反応性、再生産）の概念でもって、ヘーゲルは『論理学』における直接的な理念の章で、生きた個体を規定するのです。それゆえ生きた個体の叙述の過程は

それ自身が論理的なものです。

　こうしてヘーゲルは、どのようにして生きた個体がまず自分自身に関係し、同時に他のものに、すなわち客観的世界に関係し、そして再生産するものとして生きたもの自身を保存するかを示します。しかしこのことによって生命の運動はまだ終わりません。なぜなら、生命的個体は弁証法的な運動によってすでに「生命の過程」に入り込むからです。これが生命の第二の形態をなします。しかし生きたものは、この生命の過程においてはまず、まだ疎遠な客観性に対して否定的に立ち向かうものとして自分を見いだします。そしてこの矛盾を苦痛として感じます。ヘーゲルはこの苦痛という概念によって純粋な論理学を超え出るように見えます。ヘーゲルはこの「実存的」な像によって、生命が客観的なもの、外面的なものと自分とを媒介するための統一に向かっていかに努力するかを示しているのです。生きたものは苦痛によってその統一を見いだすことへ、そのことによって世界と同一であることへと駆り立てられます。ヘーゲルは彼の論理学のこの部分において、生きた、社会的に把握された個体に関わります。ここでは、論理学の存在論的次元が問題なのであって、それは世界との関係の中にある個体の存在に関わります。

　主体的な個別が今や客観的世界の中に存在するのであれば、その個別はその個別性を克服して、普遍性へと移行し、それゆえ類への移行がなされています。生きた個体は、その第三の形態、すなわち「類」において、その他在と同一です。ここで生きた個体は他の個体と関係します。生きた個体にとって他の個体は疎遠な外面的なものではありません。類とともに生命の真理と完成が成し遂げられます。それゆえ類は、反省のない直接性からの前進の結果を含んでいます。類と普遍性とが存在するところでは、またすでにそれとともに認識が存在します。なぜなら個別は、今や意識的にあるいは反省的に自分に関係するからです。しかしそのさい、認識が登場しうるためには、生きた個別は崩壊しなければなりません。そのことによって絶対的理念へと向かうさらに進んだ歩みが成

し遂げられます。

　以上の考察によって次のことが明らかになりました。すなわち、ヘーゲルは生命をここでは外面的な現実性の表現あるいは基礎として理解しているのではないということです。たとえしばしばこのような外見をもつとしても。生命の叙述における概念的な展開は、生きた個体および生命の過程を論じる節においては特に、生命は外面的世界と否定的に関係することを示します。そのようにして、肉体的なものと、外面的なものないし客観的なもの（しかし単に否定的なものとして）とは、論理学の構成部分です。それらは絶対的理念においてはじめて克服ないし止揚されるものです。それゆえ、論理学の内部において、論理学外的な諸契機が語られるのですが、しかしそれらは弁証法的に媒介され、否定的な統一の中へと止揚されます。このことは、外面的な現実性への関係が概念によって規定されることを意味します。論理学は常にすでに概念の水準において運動します。こうして、これらの概念的な諸規定は、論理学ないし概念の弁証法的な構想をとおして、現実に対して否定的に関係します。経験的な現実は概念ではありません。それゆえ概念は経験に対して否定的に関係します。論理的な、経験的ではない生命は、このような仕方で自分を規定するものであり、それは概念的に把握された推理のあり方によって認識へと発展します。そのさい推理は、ヘーゲルにとっては、一つないしいくつかの判断から別の判断を導き出すことではなく、二つの概念を第三の概念によって媒介することです。このような方法に従って、諸概念は自己運動し媒介されて、もはや単に一面でもなく、二面それ自体をもつものでもないような理念において、その絶対的な到達点を見いだすのです。概念は本質論理学から概念論理学への移行においてそれ自身を論理学の基礎としました。概念は「具体的なものであり、最も豊かなものである。なぜなら概念は、先行する諸規定の、つまり有と反省諸規定の諸カテゴリーの根拠であり総体性だからである。したがってまた

これらのカテゴリーが概念において現れるのである」(GW12, 48)。(生きた弁証法的な) 概念は、自己同一なもの、理性的なものとして、常に自分の中に対象の諸規定をもっており、そのことによって自己を発展させる能力をもっています。このような分裂と合一の可能性がまた概念の過程性と生命性を成します。概念の形式は普遍性です。概念は自分を普遍的なものと規定することによって、概念は特殊的なものであり、そして自己自身に関係する規定は個別性です。こうして概念は、普遍、特殊、および個別として弁証法的な運動そのものです。そのさい概念は主観的論理学の根本概念として、主体性であり、そして概念はそのようなものとしてまた自己関係的なものです。ヘーゲルは概念のこのような規定とその論理的な叙述を、判断および推理として概念論理学の中でさらに詳しく論じました。ここで概念は、概念が自然の生命のモデルに従って自己運動するものであるという意味において、生きた概念であることが確定されます。ヘーゲルは、論理的生命の運動と自然の生命の運動とを、分裂と合一との過程という同じモデルで考えています。自然の生命も生きた概念も、このような仕方で自己組織化するものであり、自己保存することができるものなのです。

3　結論

　以上でもって直接的理念としての理念の概念と論理的生命との関連の探求を終えたいと思います。生命が論理学の中でその場所をもつためには、生命はどのような性質のものでなければならないか、生命が論理学の中に登場するためには、論理学はどのような性質のものでなければならないか、という上述の問いに対して、今や解答を与えることができます。理念が上述の仕方で到達点であり、したがって思弁的論理学の最高の契機であり、ヘーゲルによって展開された弁証法的な仕方で、主観と客観との統一として、それゆえ主観‐客観として考察されるのであれば、

生命を一定の形態において、つまり論理的生命として論理学の中に統合することは可能なことであり、それどころか必然的なことです。

　直接的な理念とは何であるかという問いは、生命の概念によって、ここではとりわけ自然の生命の概念によって、答えられなければなりません。自然の生命において、それをヘーゲルは動物有機体に即して説明するのですが、ヘーゲルは一つの全体が自分自身を動かし、自分自身を組織化しうる仕方があることを見ます。しかしその全体は自分の自己運動を反省することはありません。このような自己運動と、再生産によって類を形成する能力によって、そして類がその過程によって普遍的なものおよび精神と認識を産出することによって、生命の理念は理念の基礎なのです。

　以上のようにヘーゲルに内在してとらえた諸概念と諸議論とならんで、ヘーゲルが彼の概念の展開の土台として理解した哲学の歴史を考慮に入れる必要があります。カントへの参照によって、ヘーゲルがカントの理念の概念への批判を踏まえて、自分自身の位置をいかに獲得しているかが示されます。また生命の概念の構想において、とりわけカントの名をあげることができます。『判断力批判』の中の内的合目的性というカントの概念は、ヘーゲルによる生きたものの思索の手本としてあげることができます。有機体はそこでは形成する力として考察され、そこではすべてのものが相互に目的と手段をなします。プラトンとアリストテレスは魂の構想のモデルを形成しました。テキストに内在した解釈と、哲学史的な整理という方法論的接近によって、結論的に次のように言うことができます。すなわち、理念は生命の理念なくしてはその到達点に至ることができないであろうということです。主体と客体との直接的な統一としての生命は、同時に理念のさらに進んだ段階のための前提です。それゆえヘーゲルに内在して、生命なしには認識は存在しないであろうと主張することができます。認識は生命を前提とします。認識とは生きた認識です。しかし生命を理念の最初の必然的な段階として位置づけるこ

とはまた、ヘーゲルの理念の構想において、したがって論理学全体の構想においてどのような緊張があるか、そしてそのことによってそのような弁証法的で思弁的な探求がどのような困難性をもっているかを示すことになります。理念はヘーゲルにおいて、主観と客観との統一を可能とする真理でなければなりません。しかし人びとは、概念と対象とのこのような思弁的な統一ということで、生きたものの特性を正当に評価するでしょうか。ヘーゲル自身が、生命はその多彩さにおいて、そこでは思考にとって「すべての思想が尽きてしまう」ような、「概念的に把握されない秘密」であることを認めています。しかしヘーゲルは、自分自身に対するこのような非難をまったくまじめに受け止めているわけではないでしょう。なぜなら、ヘーゲルにおいては確かに最終的には、すべてを把握する概念が外面的な多彩さを凌駕するからです。

　この講演では、生命の概念がいかにして獲得されうるかについて、一つの認識論的モデルを提示しようとしました。このモデルの長所は、思考の形式と内容が相互に関係し合うということです。それは、何において（対象として）いかなる思考なのか（それゆえ方法が）が示され、またその逆でもあります。それゆえ対象と内容は恣意的に定立されるものではなく、自分自身から展開するものです。そのような観念論的で思弁的な方法が、生命の認識についての現代の討論にどのような貢献ができるのかは、確かに問われるべきものです。この講演はそのような問題設定を開始するという提起を意味します。

注
　1）　以下では、ヘーゲルの著作からの引用個所は次の大全集の巻とページで示される。
　　　G. W. F. Hegels *Gesammelte Werke*, in Verbindung mit der Deutschen Forschungsgemeinschaft herausgegeben von der Nordrhein-Westfälischen Akademie der Wissenschaften, Hamburg 1968 ff.
　2）　G. W. F. Hegel, *Enzyklopädie der philosophischen Wissenschaften im Grundrisse. (1817)*,

Hamburg 2000, GW13, 101; Ders., *Enzyklopädie der philosophischen Wissenschaften im Grundrisse. (1827)*, Hamburg 1989, GW19, 169; Ders., *Enzyklopädie der philosophischen Wissenschaften im Grundrisse (1830)*, Hamburg 1992, GW20, 219.
3) G. W. F. Hegel, Vorlesungen über die Logik. Berlin 1831. Nachgeschrieben von Karl Hegel, Hamburg 2001, 209.
4) Vgl. *Enzyklopädie* von 1827 und 1830 § 354, *Enzyklopädie* von 1817 § 278.

訳者あとがき

　2011年3月に阪南大学の外国研究者短期招聘制度によって、アンネッテ・ゼル氏（PD Dr. Annette Sell, ドイツ、ルール大学、ヘーゲル・アルヒーフ共同研究員）が来日された。ゼル氏は、現在刊行中の『ヘーゲル大全集』の「論理学講義」の編集を担当されている女性研究者である。ゼル氏は、1997年にハイデガーのヘーゲル解釈に関する研究で博士号を取得され、2010年にはヘーゲル論理学における生命概念の研究で教授資格を取得されている。

　3月17日（土）に阪南大学サテライトで「研究フォーラム」が開催され、ゼル氏に講演をしていただいた。テーマは「生きた論理学——ヘーゲル論理学における生命概念の意義」であった。講演はドイツ語で行われ、私が司会と講演の日本語訳を担当し、討論では大河内泰樹氏（一橋大学社会学部准教授）が通訳を担当された。本章は、この講演の翻訳である。

　ゼル氏は、この講演でまず「論理学」と「生命」とはなぜ結び付くのかを論じた。ヘーゲルの「論理学」は単なる思考の形式の学問ではない。思考は世界の論理的本質をとらえることができ、しかも思考も世界も弁証法的に運動し発展するものである。論理学が「死んだ形式」の学問ではなく、世界の運動と発展をとらえる「生きた論理学」であるためには、「自然の生命」をモデルとして「論理的な生命」をとらえる必要がある。「生命」は「生きた個体」として有機的組織をもち、外的世界とかかわって、外的世界との矛盾をもちながらもそれを克服して生存する。

さらに「生命」は他の個体との関係をつくりあげ、子どもの再生産を行う。こうして「生命」は「類」として発展する。このような「生命」の論理をとらえることが、人間の「精神」をとらえる前提ともなるのである。

　ゼル氏のこのような講演に対して、参加者からは、ヘーゲル哲学の発展史における「生命論」や、哲学史・宗教史や経済学との関係、さらには今日の環境保護との関係などの質問も出された。これらの質問に対しても、ゼル氏は丁寧に回答された。3時間にわたる講演と討論の後も、懇親会の場で、さらにドイツの社会や文化の問題も含めて、参加者との間で議論がはずんだ。

第3章
ヘーゲルとスポーツ哲学

はじめに

　近年、スポーツ哲学の分野でヘーゲル哲学が取り上げられることがある。そこには、ヘーゲルの人間観、社会観、歴史観からスポーツをとらえ直そうという積極的な意図があると思われる。しかし、発表された幾つかの論文では、使用されている翻訳書の問題もあって、ヘーゲル哲学そのものの理解が正確ではなく、ヘーゲルをスポーツ哲学に生かし切れていないと思われるものもある。

　小論では、スポーツ哲学で取り上げられたヘーゲルの議論の検討を通して、ヘーゲル哲学を積極的に生かす方向を考えたいと思う。

1　ヘーゲル『精神の現象学』における古代ギリシアの祭典について

(a) 関根正美氏の「哲学からのスポーツ批判」

　関根正美「スポーツを思想として読み解く」[1]は、「哲学からのスポー

第 3 章　ヘーゲルとスポーツ哲学

ツ批判」として、ヘーゲルとヤスパースを取り上げている。関根氏のヤスパース論は妥当な理解であると思われるが、ヘーゲルの理解は妥当ではないと思われる。

　まず、ヤスパースのスポーツ論についての関根氏の議論から見ておこう。関根氏は、ヤスパースの『現代の精神状況』[2)]における「現存在秩序の諸限界」の中から、スポーツに関する議論を取り上げている。その中でヤスパースは次のように言う。

　「古代においては、スポーツは、非凡な人間が自分が神の末裔であることを直接に伝達することの観があった。これについては多くを語ることを要しない。しかし、こんにちの人間もなんとか自分を表現したいと望んでおり、スポーツは世界観になる」（ヤスパース 94、関根 40）。ここでは、スポーツが人間の自己表現であるととらえられ、スポーツは「世界観」になるとされる。

　しかしヤスパースは続けて言う。「しかし、スポーツが合理的な現存在秩序の限界として現れようとも、スポーツだけでは人間は自分を獲得するわけではない。人間は、肉体の鍛錬と、生命を賭けた勇気における奮起と、統制のとれた形式とだけをもってしたのでは、自分自身を喪失する危機を克服することはどうしてもできないのである」（ヤスパース 94-95、関根 40）。この「自己自身を喪失する危機」とは何であろうか。

　ヤスパースのこの危機意識には、彼の次のような認識がある。「大衆現象としてのスポーツは、規則にしたがっておこなわれる遊戯の強制するところに組織されて、さもなければ機構にとって危険になるような諸衝動を外らすものである。スポーツは、空いている時間を満たしながら、大衆の慰安を作りだす」（ヤスパース 92、関根 40）。すなわち、スポーツが大衆化されて、遊戯が強制され、組織されること、あるいは「機構」（支配体制）にとって危険な衝動を体制への反抗からそらして、大衆の慰安になるようにされるというのである。

　関根氏は、このヤスパースの議論の背景について次のように説明する。

「この書が書かれたのは 1931 年のドイツである。翌年には総選挙の結果、ナチスが第一党になり、33 年にはナチスによる政権が樹立されている。5 年後の 1936 年にはナチスによるベルリン・オリンピックが開催される」(関根 40)。関根氏はここから、ヤスパースらは「近代スポーツが大衆に人気を得ている中に、ある種の危険性をも嗅ぎ取っていた」(同) と述べている。

　以上の議論は、ヤスパースのスポーツ理解とその批判について、妥当な解釈であろう。しかし、関根氏は、ヤスパースのスポーツ批判に対しては十分な回答を示していないように思われる。

　関根氏はその論文の結論部分で次のように述べている。「スポーツは人間の主体的行為を鼓舞する役割をこれまで担ってきたし、これからも担ってゆくであろう。その時に、トップレベルの競技者やふつうの老若男女のスポーツ行為に意味を与え、かつヤスパースやホイジンガが危惧した外的脅威に対抗しうる思想の提示が求められる」(関根 48)。

　ここで言われている、スポーツの「外的脅威に対抗しうる思想」をどのように提示するかが問題であろう。その手がかりをどこに求めるべきであろうか。このような問題意識から、関根氏のヘーゲル論も見てみたい。

　関根氏は、ヤスパースからスポーツ論に関わる重要な論点を取り出しながら、他方で、ヘーゲルをもっぱらスポーツへの批判者としてとらえている。関根氏は、ヘーゲルについて、「スポーツの精神性を不当にも認めなかった」(関根 48) としている。しかし、このような評価はヘーゲルへの誤解にもとづくと思われる。次にこの点を見ておきたい。

(b) ヘーゲルの古代ギリシア祭典論

　関根氏は、先のヤスパースのスポーツ論の前にヘーゲルを取り上げている。関根氏は、ヘーゲル『精神の現象学』[3] の長谷川宏訳から古代ギリシアの祭典論を取り上げて、次の文章を引用している。

第 3 章　ヘーゲルとスポーツ哲学

　「美しい競技者は―特殊民族の栄誉ではあるけれども、競技者個人の肉体においては、精神の意味が丁寧にまじめに考えられることはないし、民族の特殊な生活、環境、欲求、習俗から生じる精神の内面的性格も問題にならない」（S.529, 490 ページ）。
　この引用に続いて、関根氏は次のように言う。「ヘーゲルにとって、競技者は美しい肉体であっても精神ではなかった。古代ギリシアにおける競技者の鍛えられた肉体が語りかけるものは、競技者の情念や思考、理性などではなく、観賞用の美しさだったのである。精神現象学が出版されたのは 1807 年であるから、19 世紀初頭の思想状況下にあって、スポーツは精神生活の対象ではなかったと考えられる」（関根 39）。これが、関根氏がヘーゲルの引用から導き出した結論である。
　しかし、この議論にはいくつかの問題点がある。
　まず第一に、関根氏の引用したヘーゲルの長谷川訳に問題がある。関根氏は、長谷川訳だけに頼るのではなく、氏自身が「ヘーゲル研究者として有名な金子武蔵」（関根 38）をあげているように、金子武蔵訳（岩波書店）をも参照し、さらにその相違についてはヘーゲルの原文を確認するべきであったと思われる。
　該当の個所について、ヘーゲルの原文を直訳すれば次のようになる。「美しい闘士は、たしかに彼の特殊な民族の栄誉（die Ehre seines besondern Volks）であるが、しかし彼は身体的な個別性（eine körperliche Einzelheit）であって、ここでは、意味の詳細さや真剣さ（die Ausführlichkeit und Ernst der Bedeutung）も、彼の民族の特殊な生活、関心事、欲求、習俗を担っている精神の内的な性格も、消滅してしまっている（untergegangen ist）」（S.529）。
　ここでは、古代ギリシアのオリンピア、イストミア、ピュティア、ネメアの祭典などでの闘士（競技者）について論じられている[4]。その闘士は、確かに彼の民族の栄誉ではあるが、しかし彼は「身体的な個別性」として登場しているのであって、そこでは、彼の民族の精神の性格などは消滅しているというのである。

長谷川訳の問題点は次の点にある。すなわち、(1)ヘーゲルが競技者の「身体的な個別性」と「彼の特殊な民族」とを対比して、前者の個別性においては後者の特殊性が消滅してしまっているという主張が読みとりにくいことである。長谷川訳は、原文の「身体的な個別性」を「個人の肉体」と訳してしまったために、個別性と特殊性との対比ができなくなっている。

　(2)「精神の意味が丁寧にまじめに考えられることはない」という長谷川訳が、「ヘーゲルにとって、競技者は美しい肉体であっても精神ではなかった」という関根氏の誤解を生んだ要因である。ここでヘーゲルが言っている意味は、祭典の競技者においては競技そのものが関心事であるから、例えば競走や槍投げなどにおいては実際の労働や戦争がもつ「意味の詳細さや真剣さは消滅している」ということである。ヘーゲルは、競技においては労働や戦争のように人間の生存や生死にかかわる「意味の詳細さや真剣さ」（目的－手段を詳細に定め、必死に活動する真剣さ）から解放されているという競技の特徴を言っているのである。

　さらに、(3)長谷川訳では、「精神」を指示する関係代名詞（der）の第1格（主語）と「生活」（Leben）などの第4格（目的語）とを逆に訳している。そのため、「民族の特殊な生活を担う精神」というヘーゲルの思想が、長谷川訳では「民族の特殊な生活から生じる精神」と理解される。ヘーゲルにおいては、精神が民族の生活を担うのであり、精神が民族の生活から生じるのではない。したがって、ヘーゲルが競技においては「精神の内的な性格が消滅してしまっている」というのは、その精神が担う民族の特殊な生活も消滅してしまって、「身体的な個別性」によって競われる競技そのものが注目されるということである。

　翻訳の見かけの読みやすさは、その正確さを損なう場合がある。関根氏は、長谷川訳に依拠したために、ヘーゲルは、競技者の精神は問題にならないと言っていると誤解してしまったのである。

　では、ヘーゲルは、闘士の「身体的な個別性」において民族の精神や

生活などの特殊性が消滅して、何が登場すると言うのであろうか。

　この点で、第二に、関根氏は、先の引用文の前後の文章を確認するべきであった。ヘーゲルはその直前で次のように言う。「言葉はその普遍性を獲得した。なぜなら、祭典は人間の栄誉（die Ehre des Menschen）であり、そこでは一つの国民精神、神の特定の性格のみが含んでいる彫像の一面性は消滅するからである」(ibid.)。この文章からも、民族の特殊性に代わって登場するのは、「人間の栄誉」であることが分かる。

　またヘーゲルは先の引用文の直後では次のように言う。「完全な身体性のこのような外化において、精神は、それが民族の現実的な精神としてその中に含んでいた特殊な印象と自然のなごりを脱ぎ捨てる。したがって、彼の民族は、もはやその中でその特殊性を意識するのではなく、特殊性の脱却とその人間的現存在の普遍性（die Allgemeinheit seines menschlichen Daseins）を意識するのである」(ibid.)。この言葉によって、祭典の闘士において、民族的な特殊性が消滅し、彼の民族は「人間的現存在の普遍性」を意識するというヘーゲルの思想はきわめて明瞭である。

(c) ヘーゲルの祭典論の示唆

　ヘーゲルの以上の議論は、ヤスパースが論じた、スポーツの危険性や、それに対して関根氏が提示することが必要だという「外的脅威に対抗しうる思想」を考える点でも、一定の示唆を与えるのではないだろうか。

　関根氏はスポーツの「熱狂」と「危険性」について次のように言う。「オリンピックやサッカーのワールドカップ、野球のWBCなどで日本の代表選手が活躍すると、わたしたちは日本代表の姿に自分を投影させて応援する。ここにスポーツへの熱狂という現象が起こる。確かに日本人としての誇りを感じる瞬間である。この現象はスポーツのすばらしい魅力でもある一方で、ヤスパースは危険性も察知していたのである」（関根 41）。

ここでは、「日本人の誇り」のようなものに対して、ヤスパースが察知した危険性が指摘されている。この問題は、ヘーゲルの視点からすれば、民族の栄誉のような「特殊性」にこだわった見方から脱していないことからくる危険性であろう。
　すでに見たヘーゲルの主張の要点は、古代ギリシアの祭典においては、競技者の「身体的な個別性」において外化され表現される「人間の栄誉」や、「人間的現存在の普遍性」が意識されるということである。近代オリンピックにおいても、「人間の栄誉」や「人間的現存在の普遍性」ではなく、民族や国家の栄誉、ナショナリズムをあおる国旗や国歌の称揚、民族的な対抗意識をあおる報道方法などの問題がある。さらに、金銭的利害を追求する商業主義の問題もある。これに対して、ヘーゲルは、競技者の「身体的な個別性」を、つまり競技者そのものを讃えるべきであり、そして「身体的な個別性」に現れる、民族や国家を超えた「人間の栄誉」や「人間的現存在の普遍性」をとらえるべきだと言うのである。
　実際、私たちがオリンピックなどの国際試合を見て感じることは、日本選手の活躍に対する注目や誇りだけではない。多くの日本人にとってその国の位置も知らず、国名さえほとんど耳にしたことのない国の選手が大活躍することもある。貧しい発展途上国の選手が豊かな先進国の選手と堂々とたたかって勝利することもある。私たちは、世界中の選手たちの「身体的な個別性」によって表現される「人間の栄誉」を感じ、「人間的現存在の普遍性」を意識することも少なくないであろう。商業主義や偏狭なナショナリズムの克服のためには、ヘーゲルが言うような、スポーツにおける「人間の栄誉」の復権と、「人間的現存在の普遍性」の意識を広げることが、重要な手がかりになるのではないだろうか。
　また、スポーツが「人間の栄誉」と「人間的現存在の普遍性」を人々に意識させるとするならば、それは、ヤスパースが批判したような「機構〔支配体制〕にとって危険になるような諸衝動を外らすもの」や「大衆の慰安」にすぎないスポーツではなく、関根氏が主張するように、ス

ポーツが「人間の主体的行為を鼓舞する役割」を果たすように発展させる上でも重要であろう。さらに、古代オリンピアの祭典のさいには戦争が休止されたのであり、近代オリンピックの理念が「平和の祭典」であるように、今日のスポーツが、「人間の栄誉」と「人間的現存在の普遍性」を自覚する場となることによって、世界の平和にも貢献することができるであろう。

2　ヘーゲル『歴史哲学講義』における競技論

（a）樋口聡「ヘーゲル哲学とスポーツ論の可能性」[5]

　次に、樋口聡氏が『思想』（岩波書店）に発表した上記の論文を検討したい。

　樋口氏はこの論文の「序」において氏の既発表論文[6]から引用を行っている。それは、ヴォルフガング・ヴェルシュが、「ヘーゲルが古代オリンピックを、身体を『精神の器官』に変えることによる自由の顕示と称賛した」（樋口51）ということである。ここでヴェルシュが論じたヘーゲルの『歴史哲学講義』[7]の中の議論（S.296f., 下27-28）を、樋口氏は次のように要約している。

　「人間が自分自身の装飾に関心を示したとき、最も身近な『身体』に手を加えることが考えられ、ギリシア人は、身体を意志にとってふさわしい立派な器官とすることを考えた。それがギリシア芸術の主観的な始まりであり、ギリシア人は運動競技によって人間の身体性（Körperlichkeit）を一つの芸術作品（Kunstwerk）に作り上げた、とヘーゲルは言う」（樋口51）。

　この要約に続いて、樋口氏は、「この議論から、精神による身体の制御としてのスポーツは形而上学的理念の世俗的表現のようなものだった、というヴェルシュの議論は妥当なのだろうか」（同）と述べている。以上は、樋口氏の既出論文からの引用であるが、樋口氏は『思想』論文

ではさらに次のように続けている。「ヘーゲルは、確かに、運動競技について語る。しかし、それは古代ギリシアの運動競技についてであって、厳密に言えば、本稿の主題である近代的概念としてのスポーツについてではない」（同）。樋口氏はまた、ドイツで体育の重要性が議論される「体育の季節」以前にヘーゲルは成長しており、ヘーゲルの伝記によれば、彼は体育や武術の才能もなく、未熟なままであったことを指摘する。さらに樋口氏は、ドイツにおけるスポーツの受容は1880年代以降であったことを述べる。ここから樋口氏は、ヘーゲルの古代オリンピックへの関心は、「歴史哲学」の視点からの「純粋に知的なものでしかなかった」と言い、「それは、いわゆるスポーツ論ではない」（樋口52）と結論づける。以上がヘーゲル『歴史哲学講義』での議論に対する樋口氏の見解である。

(b) ヘーゲルの競技論

しかしながら、樋口氏が取り上げたヘーゲル『歴史哲学講義』の議論をよく見ると、樋口氏の見解に対して次のような疑問や問題点が浮かび上がってくる。

第一に、先に引用した樋口氏によるヘーゲルの議論の要約は適切であろうか。樋口氏は、ヘーゲルの議論を、「人間が自分自身の装飾に関心を示したとき、最も身近な『身体』に手を加えることが考えられ、……」と要約する。つまり、人間は自分自身の装飾との関係で「身体」に手を加えると理解している。しかしこれは、『歴史哲学講義』の武市健人訳における、「1. 道具」、「2. 装飾」という訳者が付けた区分に引きずられた理解ではないだろうか。原文にはこのような区分はなく、連続した叙述になっている。その要点は次のとおりである。

人間は外的自然を手段として扱って自分の欲求を満足させるにあたって、道具を発明した。また人間は自然を装飾として使用するが、装飾は

人間の「肉体（Leib）」を飾るだけである。しかし、「肉体において人間は自分を直接に見いだすのであり、自然一般と同じように、肉体を作り変えなければならない」（S.296, 下27）。このようにヘーゲルは肉体を飾るだけの「装飾」と肉体を作り変えることとを区別している。ここから「まず起こる精神の関心は、身体（Körper）を意志のための完全な器官に形成することである」（ibid., 同）。そして、「ギリシア人において、われわれは、諸個人が自分たちを相互に示して楽しむという限りない衝動を見いだす。……感性的自然に対する愉快な自己感情と、単に楽しもうという欲求だけでなく、自分を示そうという欲求、とりわけそのことによって認められるという欲求、そして自分を楽しもうという欲求が、今やギリシア人の主要な使命となり主要な仕事となる」（ibid., 下27-28）。そして、「これが、ギリシア芸術の主観的な始まりであり、人間はここで、その身体性を自由な美しい運動と力強い巧みさにおいて芸術作品に作り上げたのである」（S.297, 下28）。

　この議論は、確かに古代ギリシア人の芸術や、その一つとしての「競技（Spiele）」について論じたものである。しかしこの議論は近代スポーツとはまったく無関係だと言えるであろうか。身体を意志の器官となるように作りかえる鍛錬、自由な美しい運動と力強い巧みさ、競技をとおしての自己表現、そのことによる自他の相互承認、そして楽しさの追求。これらの契機は、古代ギリシアにおいてだけでなく、近代スポーツにも共通するものではないだろうか。

　第二に、ヘーゲルは、樋口氏が要約した議論に続いて、運動競技についてさらに具体的に論じる。樋口氏はこれらの議論をなぜ取り上げないのであろうか。

　ヘーゲルは、ホメロスが語った「レスリング、拳闘、競走、競馬、競車、円盤投げ、槍投げ、弓術」を述べ、その後これらの競技はギリシアの「国民的行事」となったとして、「オリンピア競技、イストミア、ピュティア、およびネメアの競技」について述べている。さらにヘーゲ

ルは次のように言う。

「これらの競技（Spiele）の内面的本性を考察するならば、まず競技は、必要に迫られたもの（Not）や本気の真剣さ（Ernst）や依存性に対立するものである。格闘、競走、戦いは本気の真剣なものではない。そこには自己防衛の必要に迫られることも戦いの欲求もない。本気の真剣さは欲求に関わる労働であって、そこでは私か自然かのどちらかが滅びなければならず、一方が勝てば他方が負ける。このような真剣さとは対立するが、しかし競技はより高度に真剣なものである。なぜなら、そこでは自然は精神と一つになっている（einbilden）からである。……人間は身体性のこの鍛錬において、人間は身体を精神の器官に作り変えたという、自由を示すのである」(S.297f., 下 29)。

ここでの議論は、ヘーゲル自身の意図としても、古代ギリシアの競技だけには限定されたものではなく、競技一般の本性についての提起であろう。競技は、必要に迫られた労働でもなく、本当の戦いでもない。その意味で、労働や本当の戦いの真剣さはない。しかし競技には、自然との闘いとしての労働よりもいっそう高度な真剣さがある。なぜなら、それは人間の自由を実現する活動だからである。ここでの自由とは、「身体性の鍛錬」によって身体を「精神の器官」として作り変えるという自由であり、また先にも見たように、人間の自己表現と自他の相互承認、および楽しさの追求という自由である。ヘーゲルのこれらの議論は、近代スポーツとは無関係どころか、「ヘーゲル哲学とスポーツ論の可能性」にとって十分に検討されるべき議論ではないであろうか。

3　ヘーゲル『美学講義』における競技論

(a) ヘーゲルの芸術論とスポーツ論

樋口氏の『思想』論文の主なテーマは、ヘーゲルの『美学講義』[8]と

の関連でスポーツ論の可能性を検討することである。そのさい、樋口氏は、自身の見解を述べる前に、ロバート・オスターハウトの英文の論文「美術、スポーツおよびアスレティクスについてのヘーゲル的解釈」（1973年）を紹介し、批判している。

樋口氏によるオスターハウト論文への評価は、まずヘーゲル美学の説明において、「スポーツ哲学研究の『初期』を思わせる」（樋口57）ということである。またオスターハウトは、ヘーゲルの英訳のみを用いて、ドイツ語の原典を参照していないという点でも「初学者の域を出ていない」（同）と樋口氏は言う[9]。さらに、樋口氏はオスターハウトの議論に対しては、「従来の芸術概念の検討をせずに、スポーツを何としても芸術の一形式と見なそうとする『思い』も、浅はかである。スポーツの特性を、いわゆる芸術の特性と程度の差としか見ないことは、オスターハウトの意図とは反対に、スポーツを程度の低い芸術に貶めるしかないだろう」（樋口58）と批判する。

樋口氏は、以上のようにオスターハウトを厳しく批判した上で、「ヘーゲルの再読」を行う。樋口氏はヘーゲル『美学講義』からいくつかの文章を引用し、その解釈を通して、氏の論文の「結び」において次のように述べている。

「ヘーゲル『美学講義』を改めて読み直すことで見えてきたことは、人間の思考＝精神を世界の中心にすえる世界観、理念＝絶対精神の現実性、芸術という文化形式の限界的な地位、そして真理把握のための哲学の重要性、といったことである。……芸術という文化形式には限界があるからである。また、理念を独特に『表現する』とはいかなることかも疑問である。運動競技はその『表現』の契機を持ちえなかったがゆえに、理念を顕示する重要な役割を古典芸術の彫刻に譲らざるを得なかったのである」（樋口62）。

ここで樋口氏が強調していることは、ヘーゲルにおける「芸術の限界」である。この議論は、芸術は「絶対的精神」の最初の段階であり、

その次に宗教があり、最後に哲学があるというヘーゲルの思想に基づいている。また樋口氏は、ヘーゲルの次の言葉も「芸術の限界」を明らかにしたものとしてとらえている。

「芸術は……精神の最高の形態だとは言えず、学問において初めてその正当な価値が証明されるのである。……芸術は哲学的考察に値するものであり、哲学的考察によって芸術の本質を認識することができるのだ」(S.28, 上 16-17、樋口 62)。

ここでヘーゲルは、確かに「芸術は……最高の形態ではない」と言っている。しかし、それは、ヘーゲルにとって「絶対的精神」の最高のものは哲学だからである。ヘーゲルにとって芸術が最高のものではないということは、しかし芸術そのものに価値はないということではない。またそれ自体には価値のない芸術に、哲学が価値を付与するということでもない。むしろ、芸術そのものがもっている真の価値を哲学が明らかにするということである。この点は、樋口氏が引用した次の文章からも明らかである。

「真正の現実は、直接の感覚や現に目の前にある対象の向こうにはじめて見出される。というのは、即自かつ対自的な（絶対的な）存在（das Anundfürsichseiende）、自然と精神の本質的存在こそが真に現実的なのであり、それは、いまここに存在しつつもその絶対的な性格を失うことはなく、だからこそ真に現実的だからである。こうした普遍的な力の働きを浮かび上がらせ形象化するのが、芸術である」(S.22, 上 11-12、樋口 59)。

この訳文は長谷川訳をもとにしている。ここで、「こうした普遍的な力の働きを浮かび上がらせ形象化するのが、芸術である」と訳されている部分は、直訳すると次のようになる。すなわち、「こうした普遍的な威力（Mächte）の働きを際立たせ（hevorheben）、現象させる（erscheinen lassen）。これが芸術である」。つまり、真の現実の普遍的な威力を「際立たせ」、「現象させる」ことが芸術なのである。芸術は、普遍的な力を「浮かび上がらせ」たり「形象化」するというよりももっと強く普遍的

な威力と結びついており、普遍的な威力を芸術独自の仕方で積極的に表現するのである。

　ヘーゲルはこの言葉の後でさらに次のように言う。「芸術は、〔日常生活の〕劣悪な一時的な世界の仮象や欺瞞を、現象の真の姿から取り去り、その現象に高度な精神から生まれた現実性を与える。それゆえ、単なる仮象であることからはほど遠く、日常生活に対して、芸術の現象には高度な実在性と真の現存在が認められるのである」(ibid., 上 12)。

　以上から明らかなように、ヘーゲルは、芸術は真に現実的なものの普遍的な威力を現象させるものであり、芸術の現象は決して単なる仮象ではなく、高度な精神から生まれた現実性を与える、ととらえている。このような芸術の本質を認識するのが、哲学（ここでは芸術を対象とする哲学、すなわち美学）である。ここでヘーゲルが言っているのは、「芸術の限界」ではなく、「芸術の価値」であり、「芸術の本質」である。この価値や本質を明示的に認識するのが哲学としての美学なのである。

　そしてヘーゲルは、芸術の一つとして競技をとらえている。樋口氏は、「運動競技はその『表現』の契機を持ちえなかったがゆえに、理念を顕示する重要な役割を古典芸術の彫刻に譲らざるを得なかったのである」と述べている。しかしヘーゲル自身は、競技は人間の「精神の器官」としての身体の活動によって、理念を表現するものととらえている。だからこそ、芸術と同じ位置に競技をおいたのである。

　しかもヘーゲルは、運動競技は「理念を顕示する重要な役割を古典芸術の彫刻に譲らざるを得なかった」とはとらえていない。先に見たように、『精神の現象学』の中で、ヘーゲルは「祭典は人間の栄誉であり、そこでは一つの国民精神、神の特定の性格のみが含んでいる彫像の一面性は消滅する」(S.529) と言い、「特殊性の脱却とその人間的現存在の普遍性を意識する」(ibid.) と言っていた。ここでは、彫刻においてあった一国民精神や神の特定の性格のみを表すような特殊性は、オリンピアなどの祭典において消え去り、人間の普遍性が登場するとされてい

る。確かにヘーゲルにとって古典芸術の典型として発展するのは彫刻である。だからといって競技や祭典がもっていた価値が消滅するわけではない。ヘーゲルの美学がその価値を改めて明らかにしているのである。

(b) ヘーゲル哲学の議論から何を学ぶかの

樋口氏は先の議論に続いて次のように言う。「ヘーゲル哲学によってスポーツ論を展開することの可能性は、スポーツを守ろうとするスポーツに対する強い愛着などから生まれるのではなくて、当然のことながら、まずはヘーゲル哲学の内側にある」(樋口62)。

では、「ヘーゲル哲学の内側」にあるものとは何か。この点について、樋口氏は、ヘーゲル『美学講義』から「精神的なものを感覚的に直観できる形にしようとする限り、芸術は人間化の方向に向かう。精神は人間の身体 (Leib) においてのみ、十分に感覚的な表現を与えられるのだから」(S.110、上84-85、樋口62) という言葉を引用する。そして先に述べられた「ヘーゲル哲学によってスポーツ論を展開することの可能性」は、ヘーゲルのこの言葉にある見方を「ヘーゲルから学ぶことから始まるだろう」(樋口62) と言う。そして樋口氏は、「そうした見方からすれば、スポーツという感覚的表現は、芸術内容の顕示などといったことを持ち出さなくとも、人間の身体における (何らかの) 精神の現出であると言うことができるだろう」(同) と述べている。

しかし、このような「学び方」にはいくつかの疑問点や問題点を指摘せざるをえない。

まず第一に、樋口氏が引用した『美学講義』における「身体 (Leib)」という言葉を含む文の翻訳の問題である。その部分を直訳すれば次のようになる。「というのは、精神はその肉体 (Leib) においてのみ十分な仕方で感性的に (sinnlich) 現象するからである」。

樋口氏は、長谷川訳では「肉体」と訳されていた言葉を「身体

(Leib)」と訳した。つまり、樋口氏は先の引用文にあった「人間の身体性（Körperlichkeit）」（樋口51）も、ここでの「身体（Leib）」（樋口62）もともに「身体」と訳している。

　しかしヘーゲルは、「肉体（Leib）」と「身体（Körper）」とを区別している。ヘーゲルが「肉体」と言うのは、肉体が精神と一つに結びついて、精神の感性的な現象になっている場合である。ここで「肉体」は人間の精神と結びついた主体である。それに対して、ヘーゲルが「身体」と言うのは、人間が肉体を「精神の器官」となる「身体」に作り変えるような場合である。ここで「身体」は、精神の器官や精神の表現として作り変え、形成される客体である。

　この議論は、先に見た『歴史哲学講義』での言葉にも見られる。ヘーゲルは、人間は装飾によって人間の「肉体（Leib）」を飾ると言う。ここでの「肉体」は精神と一つになった人間の主体であり、人間はその主体にふさわしい装飾をするのである。しかし、また人間は、「自然一般と同じように、肉体を作りかえなければならない」（S.296, 下27）。ここから「まず起こる精神の関心は、身体（Körper）を意志のための完全な器官に形成することである」（ibid., 同）。ここでは、人間は自分の肉体を作り変えることは、それを作り変えるべき対象としてとらえて、すなわち「身体」としてとらえて、これを鍛え上げて、「意志のための器官」とするのである。つまり人間は肉体を意志の思い通りに統御できる「身体」とするのである。さらにヘーゲルは、「人間はここで、その身体性を自由な美しい運動と力強い巧みさにおいて芸術作品に作り上げた」（S.297, 下28）と言い、「人間は身体性のこの鍛錬において、人間は身体を精神の器官に作りかえたという、自由を示す」（S.297f., 下29）と言うのである。人間の体は、このように「肉体」と「身体」との両側面の統一なのである。

　以上のように、「肉体」と「身体」との区別と連関をとらえることも、「ヘーゲル哲学とスポーツ論の可能性」を論じる上で、重要な論点では

ないだろうか。

　第二に、樋口氏が「ヘーゲルから学ぶ」見方として引用した文章、すなわち、「精神的なものを感覚的に直観できる形にしようとする限り、芸術は人間化の方向に向かう。精神は人間の身体（Leib）においてのみ、十分に感覚的な表現を与えられるのだから」という文章は、『美学講義』「序論」の中の「区分」（長谷川訳では「章立て」）において、ヘーゲルが芸術形式の第二として「古典的芸術形式」を述べた部分である。

　ここで、確かに人間の「身体（Leib）」（樋口訳）が述べられるが、しかしここでは、古典的芸術形式として、とりわけ彫刻における人間の「肉体（Leib）」が問題になっている。彫刻という芸術において、「人間化」に向かう中で、人間の彫像の精神を感性的に現象させる人間の「肉体」の表現が重要なテーマになるのである。彫像の場合も、例えば大理石という「物体（Körper）」が、それが人間の精神の現象にふさわしい人間の「肉体」になるように、彫像の「身体」が形成されるのである。

　また"sinnlich"の訳語として、長谷川訳の「感覚的」よりも「感性的」が適当であろう。なぜなら、彫像についての「感覚」はそれを見たり触れたりするだけであるが、彫像に対する「感性」は、彫像に対する感覚だけでなく、感情や感動を含むからである。ともかく、ここで、ヘーゲルは、彫刻を中心とした芸術形式を論じ、その芸術に運動競技も含まれると考えているのである。

　ところが、樋口氏は、この引用文の直前で、「スポーツという感覚的表現は、芸術内容の顕示などといったことを持ち出さなくとも……」と言う。樋口氏は、スポーツを芸術から切り離して論ずるべきだと考えているようである。それであれば、ヘーゲルの芸術論をもとにして論じた、ヴェルシュやオスターハウトを批判するだけでなく、運動競技を芸術論として論じたヘーゲルをも明確に批判するべきではないだろうか。そのようなヘーゲル批判を抜きにして、樋口訳で「身体（Leib）」が登場するヘーゲルの言葉をスポーツに関する示唆としてだけ「学ぶ」のは、

ヘーゲル理解としては一面的であろう。

　第三に、樋口氏は、「ヘーゲルから学ぶ」と言いながら、氏がここで引用したヘーゲルの言葉から、「スポーツという感覚的表現は、……人間の身体における（何らかの）精神の現出である」ということしか学ばないのであろうか。これはあまりにも貧弱な学び方ではないだろうか。ヘーゲル哲学からスポーツ論の可能性を論じるのであれば、すでに本章の中で取り上げた多くの個所が参考になるはずである。樋口氏は、ヘーゲルの古代ギリシアの「祭典」論や「競技の本性」論、芸術の一つとしての競技論など、競技の人間的意義にかかわる議論から、なぜもっと多くを学ぼうとしないのであろうか。

(c) 芸術やスポーツそれ自体に価値はないのか

　樋口氏の議論には、「ヘーゲルから学ぶ」と言いながら、ヘーゲルの思想から学んだとは思えない議論もある。それは次の議論である。

　「ヘーゲル哲学から学ぶもう一つの大きなことは、人間の思想の持つ重要な位置である。……芸術という具体的な活動はそれ自体で価値があるのではなく、人間の精神がその価値を見出すことによってはじめて価値が与えられる」（樋口62）。

　この価値論は、新カント派を想起させるような主観的な価値論である。樋口氏はこのような議論を、ヘーゲルのどのような文章から導き出したのであろうか。それは、樋口氏が引用している、ヘーゲルのカント哲学への評価であると思われる。ヘーゲルは『美学講義』で、樋口氏の訳では次のように述べている。

　「一般的に言って、カントは、どこまでもおのれを貫きながら自由に動く理性的なるもの（Vernünftigkeit）、言い換えれば、無数の発見と知の可能性を持つ自己意識（Selbstbewußtsein）を、知性と意思の基礎に置いている。理性がおのれの絶対性（Absolutheit）を知るこの自己意識は、

近代哲学に転機をもたらしたもので……理性を絶対的な出発点とした功績は文句なく認めなければならない」(S.84, 上 62、樋口 59)。

この議論に続いて、ヘーゲルはカントへの批判を行う。その批判を樋口氏も紹介している。ところが樋口氏は、ヘーゲルのカント評価とカント批判の両側面を踏まえてヘーゲルを理解するのではなく、ヘーゲルがカントを評価した先の引用文に直接に続けて次のように言う。

「すなわち、絶対精神を、人間的世界を越えた超越的存在と見るのではなく、絶対的な理性の『自己意識』として捉えなければならないのである」(樋口 59)。この議論は、ヘーゲルの「絶対精神」をカントの「自己意識」によって解釈する議論である。こうして、ヘーゲルの客観的観念論は、カント的な主観的観念論に置き換えられる。これが、先に見た、樋口氏の芸術に関する主観的価値論の根拠となっていると思われる。

樋口氏は、このような解釈を示した後に、ヘーゲルのカントへの批判を紹介して、次のように述べている。「カントは、主観と客観、一般概念と個別の現実の矛盾の和解をイメージとして提示したが、単なる主観的な解決に留まっていて、真に現実的な解決とはなっていない、とヘーゲルは言うのである」(樋口 60)。つまり、カントは美とは、反省的判断力による主観的判断だと主張したのである。これが、ヘーゲルがカントの「単なる主観的解決」として批判するものである。それは、まさに「自己意識」による美の主観的判断である。

それに対して、ヘーゲルは、芸術とは、真の現実である「理念 (Idee)」を感性的に表現して、美の理念を示すと主張する。したがって、芸術はそれ自体が美という価値をもっているのである。

にもかかわらず、樋口氏は、ヘーゲルの絶対的精神(芸術、宗教、哲学)を「自己意識」ととらえたために、スポーツについても次のように言う。「ヘーゲルに倣うならば、さまざまな形で実践されるスポーツ活動もまた、それ自体で価値のある営みだとは言えない」(樋口 63)。つまり、スポーツはそれ自体に価値があるのではないというのである。

では、スポーツの価値はどのようにして現れるのであろうか。樋口氏は次のように言う。「すぐれたスポーツ競技者がもたらす美、精神の輝き。しかし、10代、20代の若者の内面に何があるというのか、という疑念。その美は、（マスメディアが、そして）われわれが語らなければならないし、語ることにおいてはじめて実在となるものなのだ。この語りを、個別的な事象から出発して一般化へと積み上げ、編成していくとき、それは、充実したスポーツ論の哲学的展開となるだろう」（同）。

　つまり、樋口氏は、すぐれたスポーツ競技者やその競技はそれ自体に価値はなく、マスメディアや「われわれ」（つまりスポーツ哲学者）がその価値を語るから、スポーツの価値が実在するようになると言うのである。しかも、樋口氏は、すぐれたスポーツ競技者であっても、「10代、20代の若者の内面に何があるというのか」という仕方で、若い競技者の内面が未熟であれば、その競技そのものにも価値がないかのような言い方をしている。樋口氏は、スポーツ競技者の内面にも外面にもない価値を、マスメディアやスポーツ哲学者が、さらにその外面から付与すると言うのであろうか。樋口氏は、オスターハウトがスポーツを芸術としてとらえることに対して、「スポーツを程度の低い芸術に貶める」（樋口58）と批判した。しかし、スポーツ競技者やその競技自体には価値はなく、マスメディアやスポーツ哲学者がスポーツの価値を付与するという議論は、本当にスポーツ競技者やその競技の価値を高めることになるのであろうか。

　さらに樋口氏は言う。「古代ギリシアの運動競技を取り巻く状況とは全く異なるスポーツ環境を有している21世紀に生きるわれわれとしては、スポーツという個別的な概念を問題にするのではなく、むしろ『スポーツ文化』といった包括的な事象を改めて構想する必要があるだろう。それがうまくなされるとき、われわれは、ヘーゲルのロマン的芸術形式に続く芸術形式を、例えば『概念的芸術形式』とでも命名し、『スポーツ文化をも含んだ芸術』の有り様を描写することができるのではな

いか」(樋口 63)。

　ここでは、ヘーゲルが論じた古代ギリシアの運動競技と 21 世紀のスポーツとの違いがどこにあるかが具体的には明らかされていない。また樋口氏のいう「スポーツ文化」の意味も説明されていない。そのために、「スポーツ文化をも含んだ芸術」の意味もよく分からない。上記の文章は、樋口氏の「ほんの小さなスケッチ」の一部として読むほかないであろう。

　しかし、「スポーツ文化をも含んだ芸術」が、「概念的芸術形式」だという樋口氏の構想については、一言述べておきたい。ヘーゲルは、現実の歴史において展開された芸術活動とその成果を、1.「象徴的芸術形式」、2.「古典的芸術形式」、3.「ロマン的芸術形式」として整理した。それに続く芸術形式が、なぜ「概念的芸術形式」になるのであろうか。ここで樋口氏が「概念的」というのは、ヘーゲルが、哲学は理念を「概念的に把握」したものだと言ったことに基づいていると思われる。しかし、スポーツ文化や芸術がどうして「概念的把握」と言えるのであろうか。それらが感性的な現実として示される点にこそ、宗教や哲学に還元できない独自の意義があるはずである。スポーツや芸術を「概念」でとらえれば、それはもはやスポーツでも芸術でもない。それは、スポーツ哲学や芸術哲学（美学）になるであろう。樋口氏の言う「概念的芸術形式」という言葉には、現実の人間的活動としてのスポーツや芸術と、その理論としてのスポーツ哲学や美学との混同があるのではないだろうか。この点では、ヘーゲルの言う芸術形式の発展という枠組みではなく、樋口氏が強調しながら、『思想』論文では必ずしも明らかにしていない「従来の芸術概念の再検討」の中で、もっと具体的に展開されるべき課題であろう。

　最後に、樋口氏は、テオドール・アドルノの『三つのヘーゲル研究』[10]からの言葉を引用して、氏の論文を閉じている。そのアドルノの言葉の中には次のものがある。

「重要なのは、ヘーゲルが何を言ったかではなく、何について語ったかである。われわれは、……ヘーゲルを離れて、自分で考え抜かなければならない」（アドルノ248、樋口64）。

しかしながら、私たち日本人が今日において「ヘーゲル哲学」に基づいて何かを論じる場合、やはり依然として、「ヘーゲルが何を語ったか」を明らかにすることがまず第一に重要なことであろう。この点では、ドイツ語の正確な翻訳も必要である。またそれをわれわれはいかに理解するかが問われる。その際に、ヘーゲルの言葉を断片的に拾い出すのではなく、ヘーゲルの著作の文脈から理解すること、およびカントらとヘーゲルとの継承・批判の関係の理解も重要である。そうした上で、当該の問題について「自分で考え抜く」ことが必要であろう。ヘーゲルの解読と解釈、それらを踏まえた思索とは、相互に混同することなくそれぞれを厳密に行うことが必要であろう。ヘーゲルから学ぶ作業は依然として大きな努力が必要であると思われる。

注

1) 関根正美「スポーツを思想として読み解く——スポーツ思想のこれまでとこれから」『スポーツ評論』Vol.23、2010年、創文企画。引用ではページのみを記す。
2) カール・ヤスパース『現代の精神状況』飯島宗享訳、理想社。引用ではページのみを記す。
3) G. W. F. Hegel, *Phänomenologie des Geistes,* Werke in zwanzig Bänden, Bd.3, Suhrkamp Verlag. ヘーゲル『精神現象学』長谷川宏訳、作品社。引用では、原書と邦訳のページのみを記す。
4) 古代オリンピックについては、村川堅太郎『オリンピア—遺跡・祭典・競技—』中公新書、1963年、桜井万里子・橋場弦編『古代オリンピック』岩波新書、2004年、参照。
5) 樋口聡「ヘーゲル哲学とスポーツ論の可能性」『思想』No.1050、2011年10月、岩波書店。引用ではページのみを記す。
6) 樋口聡「美学の変容の一断片——W・ヴェルシュのスポーツの美学をめぐって」

『美学』第 55 巻 2 号、2004 年 9 月。
7) G. W. F. Hegel, *Vorlesungen über die Philosophie der Geschichte,* Werke in zwanzig Bänden, Bd.12, Suhrkamp. ヘーゲル『歴史哲学』武市健人訳、岩波書店。樋口氏は、原書は武市訳に対応してグロックナー版をあげているが、テキストはズールカンプ版とほとんど変わらない。引用では、ズールカンプ版と邦訳のページのみを記す。
8) G. W. F. Hegel, *Vorlesungen über die Ästhetik,* Ⅰ. Werke in zwanzig Bänden, Bd.13, Suhrkamp. ヘーゲル『美学講義』長谷川宏訳、作品社。引用では、原書と邦訳のページを記す。
9) しかし英米のヘーゲル研究では、ヘーゲルの英訳の引用が通例になっている。また日本語の文献で、ドイツ語の原典からの引用になっていても、訳が正確かどうかは分からない。
10) テオドール・W・アドルノ『三つのヘーゲル研究』渡辺祐邦訳、ちくま書房。

付記
スポーツ哲学やオリンピックの文献などについて藤井政則氏からご教示をいただいた。

第4章

ヘーゲルとマルクス
―― 社会哲学と論理学 ――

はじめに――アルント・テーゼ

　ヘーゲル哲学は、弁証法においても、社会哲学においても、重要な影響力をもっている。近代思想の中にある機械論的思考を克服するものとして、弁証法は、人文・社会・自然科学の多くの分野で語られる。またヘーゲルの社会哲学は、チャールズ・テーラーらの「コミュニタリアニズム」（共同体主義）の源流としても論じられる一方で、ヘーゲルの中に自由主義的要素を見ようとする研究者もある。こうしてヘーゲルは、「リベラリズム」と「コミュニタリアニズム」との関係を問う上でも古典の一つとなっている[1]。

　マルクスは、ヘーゲルの弁証法や社会哲学を批判的に継承した代表的な理論家の一人である。ヘーゲルとマルクスの関係について、従来の研究では、ヘーゲルの『論理学』とマルクスの『資本論』との関係を問う研究が多かった。これは、マルクス自身が手紙で、経済学批判の研究においてヘーゲルの『論理学』を読み直して役だったと言い、「ヘーゲルが発見したが、同時に神秘化してしまった方法における合理的なものを、

普通の人間の頭にも分かるようにしてやりたい」(Bd.29, S.260)[2]と述べたことなどに根拠がある。

　しかし、近年、ドイツのヘーゲル研究者のアンドレアス・アルント（国際ヘーゲル協会会長、ベルリン自由大学教授）が新しい問題提起をしている。それによると、マルクスの経済学批判の構想（プラン）は、1.「資本」から始まり、2.「土地所有」、3.「賃労働」、4.「国家」、5.「国際貿易」、を経て、6.「世界市場」に至るものであり、これは、ヘーゲルの「市民社会」から「国家」（世界史を含む）に至る「実在哲学」ないし『法の哲学』に対応するものである。したがって、マルクスの『資本論』はヘーゲルの『法の哲学』との対応においてこそ、検討されなければならない。それに対して、ヘーゲルの『論理学』とマルクスの『資本論』は理論のレベルが異なり、マルクスの『資本論』からヘーゲルの『論理学』を批判的に乗り越えた「論理学」を見出すことはできない、とされる[3]。

　このように、アルントは、マルクスとヘーゲルとの関係の研究は、ヘーゲルの『論理学』とマルクスの『資本論』との対応においてではなく、ヘーゲルの『法の哲学』とマルクスの『資本論』との対応において検討するべきである、と主張する。私はこの主張を「アルント・テーゼ」と呼ぶ。小論ではこの「アルント・テーゼ」について検討したいと思う。

I　『法の哲学』と『資本論』

　アルント・テーゼが提起するように、ヘーゲル『法の哲学』[4]とマルクス『資本論』[5]との関係を検討することは重要な課題である。しかし、『法の哲学』の体系は「序論」と「緒論」に続き、第1部「抽象法」、第2部「道徳」、第3部「人倫」（家族、市民社会、国家）からなる。それに対して、『資本論』の体系は、第1部「資本の生産過程」、第2部「資

本の流通過程」、第3部「資本の総過程」からなり、マルクス自身が出版できたのは第1部にすぎない。しかも『資本論』そのものがアルントの指摘するマルクスのプランの一部にすぎない。『法の哲学』と『資本論』とのそれぞれの部門別の対応はありえない。そこで、重要なことは、「社会哲学」という理論的レベルで、ヘーゲルからマルクスへの継承・批判の関係を検討することである。そのさい、マルクスの著作は『資本論』以外も検討の対象となるであろう。

そこで、ヘーゲルの『法の哲学』とマルクスの『資本論』その他の著作との対応において、『法の哲学』「序論」で表明された理論的立場とマルクスの立場、「抽象法」とマルクスの権利論との関係、そして「家族」論、「市民社会」論、「国家」論における両者の議論を比較検討したい。

1　ミネルヴァのフクロウとガリアの雄鶏

ヘーゲルは『法の哲学』「序論」において、「理性的なものは現実的であり、現実的なものは理性的である」（S.24）と述べた。すなわち、ヘーゲルは、理性的な原理が現実世界を貫き、現実世界は理性的な原理によって成り立ち、理性的原理を実現する、と主張した。『法の哲学』が考察の対象とする現実世界とは近代社会である。近代社会は、宗教革命やフランス革命を経て、近代的な法・権利、道徳、人倫（家族・市民社会・国家）をもつものとして、成熟を迎えている。近代社会の成熟という「夕暮れ」においてこそ、哲学は「ミネルヴァのフクロウ」として、近代社会の原理の理論的な集大成を行うために、「飛翔」を始める。この意味で、ヘーゲルは、「ミネルヴァのフクロウは夕暮れの訪れとともに飛翔を行う」（S.28）と言う。

それに対して、マルクスは、近代社会そのものが、ヘーゲルも指摘した「富の過剰と貧困の過剰」などの矛盾を含んでいる以上、それを変革しなければならないと考える。マルクスはすでに「ヘーゲル法哲学批判

序説」(1844年) において、近代社会を変革する主体はプロレタリアートであると考えた。「理論といえども、大衆をつかむやいなや、物質的な威力 (die materielle Gewalt) となる」(Bd.1, S.385)。「哲学がプロレタリアートのうちにその物質的武器を見出すように、プロレタリアートは哲学のうちに精神的武器を見出す」(Bd.1, S.391)。「ドイツ人の解放は人間の解放である。この解放の頭脳は哲学であり、心臓はプロレタリアートである」(ibid.)。ここからマルクスは、「ドイツの復活の日は、ガリアの雄鶏の雄叫びによって告げられる」(ibid.) と言う。「ガリアの雄鶏」とはフランス革命軍などが使った紋章である。

　マルクスは、ヘーゲルの「ミネルヴァのフクロウ」に対抗して、「ガリアの雄鶏」として、新しい時代の夜明けを告げようとする。すでにここでマルクスの社会哲学の立場が明確にされている。しかし、マルクスは、ヘーゲル『法の哲学』の批判的検討をとおして、「市民社会」の分析の重要性を学んだ。そしてマルクスは、かつてヘーゲル自身が古典派経済学の研究を行ったように、「市民社会の解剖学は、経済学に求めなければならない」(Bd.3, S.8) と考えて、経済学批判の研究に打ち込んだのである。

2　「抽象法」と「天賦の人権の楽園」

(a) ヘーゲルの抽象法

　ヘーゲルの『法の哲学』第1部「抽象法 (das abstrakte Recht)」では、近代的な人間の権利 (Recht) が論じられる。抽象的で形式的な権利能力の主体が「人格 (Person)」である。抽象法の第一は、「所有権 (Eigentum)」である。所有権とは、人格が物件 (Sache) を支配することが権利として承認されることである。所有の対象である物件には、自己の身体も含めた自然物とともに、熟練や知識、学問、能力など精神的なものも含

まれる。所有権の主体は個別的な人格であるから、所有権は「私的所有権（Privateigentum）」（§46）である。所有権はまず、(A)「物件の占有取得（Besitzname）」である。それは身体による獲得、労働による形成、標識付けなどによる。ここでヘーゲルは、労働による物件の形成という点では、「自分の労働に基づく所有権」というジョン・ロックの議論を受け入れている。所有権はまた、(B)「物件の使用」である。所有権とは、物件の部分的使用ではなく、全範囲の使用の権利である。物件の有用性は、その質の比較によって量的にも規定される。個々の物件の特有の有用性の中にある普遍性が、物件の価値（Wert）である。物件の価値は貨幣によっても表現される。物件の所有者は、物件の使用者であるとともに、その価値の所有者でもある（§63）。所有権はさらに、(C)「物件の譲渡」である。物件の譲渡によって人格相互の関係ができる。しかし人格と自己意識の本質的な普遍性は、譲渡されない。人格性の放棄の例は、奴隷、農奴、所有の不自由などである。労働においても、全時間と全生産物を譲渡するならば、それは人格性を他人の所有にしてしまうことになる（§67）。

　抽象法の第二は、「契約」である。契約とは、意志が相互に他者を人格として、かつ所有者として承認し合って、その所有権を譲渡し、また受け取るという関係である。契約において、異なる物件が相互に交換されるが、その物件の価値は互いに等しいものである。

　抽象法の第三は、「不法（Unrecht）」である。不法はまず、(A)「罪なき不法」である。これは権利をめぐる争いである。物件の所有をめぐって権利の衝突が生じる。これは市民社会において民事訴訟の対象となる。不法はまた、(B)「詐欺」である。詐欺は契約の仮象をつくり出すことである。これは契約の法・権利が侵害されることであるから、刑罰の対象となる。不法はさらに、(C)「強制ないし犯罪」である。人格の所有する身体や物件に対して強制力（Gewalt）が加えられることは、人格の自由な意志に対する強制（Zwang）である。この強制は「第二の強制」

である刑罰によって廃棄されなければならない（§93）。

(b) マルクスの権利論

　ヘーゲルの「抽象法」に対して、マルクスが問題にするのは、「法・権利（Recht）」の根拠としての経済的関係である。マルクスは『資本論』で次のように言う。「契約をその形式とする法的関係は、法律的に発展していてもいなくても経済的諸関係がそこに反映する意志関係である。この法的関係または意志関係の内容は、経済関係そのものによって与えられている」（Ⅰ, S.99）。つまり、商品所有者がお互いに商品を交換しあう意志関係は、契約という法的関係であり、それは現実の商品交換という経済関係を反映している。

　マルクスはまた、「所有権」や「契約」を経済的関係として問題にする。労働力の売買について、マルクスは、ヘーゲルの『法の哲学』から、「もしも私が、労働を通じて具体的な私の全時間と私の生産物の総体を外に譲渡するとしたら、私はそれらのものの実体的なもの、私の普遍的な活動と現実性、私の人格性を、他人の所有たらしめることになろう」（§67）という言葉を引用している（Ⅰ, S.182）。これは、労働時間の制限にかかわる論点について、ヘーゲルからの明確な継承である。さらにマルクスは労働力の売買について次のように言う。「労働力の売買がその枠内で行われる流通または商品交換の部面は、実際、天賦の人権の真の楽園であった。ここで支配しているのは自由、平等、所有、およびベンサムだけである」（Ⅰ, S.189）。こうして、マルクスは、近代の人権宣言とそれに基づく「自由、平等、所有」の権利は、商品交換に関わる経済関係を基礎にしていることを論じるとともに、それが、労働力の売買においても、「自由、平等、所有、共同利益」の外観をもたせるのである。

　しかし、資本家と労働者との関係は自由でも平等でもない。「所有権」

は、生産手段を私的に所有する者に、生産手段を所有しない他人の労働を支配する権利を与える。労働者は生きてゆくためには労働力を売らなければならない。労働者の長時間労働こそが資本の利潤をいっそう増大させる。「自由意志契約」のもとで、労働者には長時間労働が強制される。そこで、労働時間を法律によって制限するために「工場法」が必要になった。マルクスは、「工場法」の成立について、「『譲ることのできない人権』のはでな目録に代わって、法律によって制限された労働時間というつつましいマグナ・カルタが登場する」（Ⅰ, S.320）と言う。労働者の権利は、「自由、平等、所有」という近代の人権だけでは擁護できない。「工場法」は、労働時間の制限という新しい人権として登場してきた。それをマルクスは「マグナ・カルタ」にたとえているのである。

3　ヘーゲルとマルクスの家族論

(a)　ヘーゲルの家族論

『法の哲学』第3部「人倫（Sittlichkeit）」では、具体的な社会関係の中での倫理が問題となる。まず「家族（Familie）」において、ヘーゲルは典型的な近代家族論を展開した。家族は人間の社会的結合の最も直接的なあり方として、精神の感情的な一体性すなわち「愛」をその規定としている。愛とは、私と他者とが一体であり、また一体であろうとする感情である。家族は、まず（A）「婚姻」によって成立する。婚姻の客観的な出発点は「両人の自由な同意であり、しかも彼らの自然的で個別的な人格性を一体性の中で放棄して、一人格をなそうとすることへの同意」（§162）である。婚姻は本質的に「一夫一婦制」である。なぜなら、婚姻関係に身をおくのは、個別性としての人格性だからであり、その親密性は相互の不可分な献身からのみ生じるからである（§167）。

だが、法的に人格として家族を代表するのは「家族の長」としての

夫である。夫は外に出て所得を手に入れ、家族の資産を配分し管理する（§168）。それに対して、妻は家族の中で役割を果たす（§166）。ここでは、近代の家族イデオロギーとしての男女の性的役割分担が明瞭に主張されている。この議論では、女性が「市民社会」で労働することも、「国家」の政治に参加することも認められないことになる。

　家族はまた、(B)「家族の資産」を家族の共同財産としてもつ（§170）。家族はさらに、(C)「子どもの教育と家族の解体」である。子どもは、家族の資産によって扶養され、教育される権利をもっている（§174）。そして子どもは成長して、独立した人格として自立していく。このことをヘーゲルは、「家族の人倫的な解体」（§177）と言う。こうして家族は多数の家族に分かれていく。これが「市民社会」の基礎となる。

(b) マルクスの労働者家族論

　マルクスは『資本論』において、労働者の家族を問題にする。機械制大工業のもとで、19世紀のイギリスでは女性も子どもも働くようになった。そのことによって、男性のみが働き、家長として家族を養うという制度は崩れていった。ここでは、ヘーゲルが論じた、男女の性的役割分担は成り立たない。しかし同時に、女性が働くことによって、乳幼児の死亡率が高まったり、工場で働く子どもの教育もされないという問題が起こった。これに対してマルクスは言う。「資本主義制度の内部における古い家族制度の解体が、どれほど恐ろしくかつ厭わしいものに見えようとも、大工業は、家事のかなたにある社会的に組織された生産過程において、女性、年少者、および児童に決定的な役割を割り当てることによって、家族と男女両性関係とのより高度な形態のための新しい経済的基礎をつくり出す」（Ⅰ, S.514）。

　イギリスの「工場法」は女性と子どもの労働時間を制限し、また工場で働く児童の学校教育を工場主に義務づけた。労働時間の制限は成人男

性にも適用される。これが「家族と男女関係のより高度の形態」として、新たな家族制度を形成する条件になると、マルクスは考えたのである。

ここから、マルクスはさらに言う。「きわめてさまざまな年齢層にある男女両性の諸個人が結合された労働人員を構成していることは、労働者が生産過程のためにあって、生産過程が労働者のためにあるのではない自然成長的で野蛮な資本主義的形態においては、退廃と奴隷状態の害悪の源泉であるとはいえ、適当な諸関係のもとでは、逆に人間的発達の源泉に急変するに違いない」(ibid.)。こうして、労働者のために生産過程があるような適当な社会的諸関係が形成されることによって、男女の平等な社会関係ができ、人間的発達の条件ができると、マルクスは主張するのである。

4 市民社会論

(a) ヘーゲルの市民社会論

『法の哲学』「人倫」の第二は「市民社会（die bürgerliche Gesellschaft)」である。ここでは諸個人が相互に独立した特殊的・具体的人格として関係し合う。諸個人は「欲求のかたまり」として、自分の欲求を満足させるための経済活動を行う。その中で、利己的目的の追求のためにおのずから普遍的な社会関係を形成する。市民社会はこのような「全面的依存の体系」である。しかし、市民社会においては、諸個人の特殊性と社会的連関の普遍性とは分裂している。「市民社会は、この対立と混乱の中で、放縦と悲惨の光景を示すとともに、両者に共通な肉体的かつ人倫的な退廃の光景を示す」(§185)。諸個人は、この対立と混乱を通して、自己の特殊な目的の実現は、普遍的な社会的連関によって媒介されていることを学ぶ。そして自己の行動を普遍的な連関に適合させ、その一環としなければならないことを学ぶ。これが市民社会の成員の「教養形成

(Bildung)」である。

　市民社会は、まず第一に(A)「欲求の体系(System der Bedürfnisse)」である。市民社会においては、人々の欲求は無限に多様化し特殊化してゆく。この特殊化した欲求を満足させる手段を作る労働も多様化する。しかし労働が普遍的なものになり、客観的なものになることによって、労働が分割される。分業によって労働が抽象化され単純化されることによって、その技能も生産性も増大する。ここから人間の代わりに機械も導入される(§198)。この生産と交換、消費の体系が市民社会の「普遍的資産」をなす。この普遍的資産に参加する可能性が各個人の「特殊的資産」である。だがそれは各人の資本と技能によって条件づけられる。この偶然な事情が、各自の資産の不平等を必然的に生むのである(§200)。そして、市民社会の労働の区分に基づいて、「身分(Stand)」の区別が生じる。それは、農業にたずさわる「実体的身分」、「商工業身分」、および官吏である「普遍的身分」に分かれる(§202)。

　市民社会は、第二に(B)「司法活動(Rechtspflege)」をもつ。これによって「抽象法」は普遍的に承認され、妥当性と客観的な現実性をもつ(§209)。それが「法律」であり、「裁判」である。

　市民社会は、第三に(C)「内務行政(Polizei)と職業団体(Korporation)」をもつ。「内務行政」は犯罪の取り締まり、公益事業、生活必需品の価格指定、教育、貧困対策などを行う。だが、内務行政も司法活動も、各個人の利害を調整し、市民社会の内部秩序を維持するための体系にすぎない。そのため、市民社会は富の過剰と貧困の過剰を露呈させる。それは次のことによる。

　市民社会においては、一面においては、さまざまな欲求をとおして人間の関係が普遍化することによって、またこの欲求を満たす手段を提供する方法が普遍化することによって、富の蓄積が増大する。しかし他面において、貧困が増大する。このことをヘーゲルは次のように言う。「特殊的な労働の個別化と制限が増大し、このことによって、このよう

な労働に縛りつけられた階級の従属と窮乏も増大する。そしてこのことは、その他のさまざまな自由、とりわけ市民社会の精神的便益を感受し享受することが不可能になることと結びついている」（§243）。こうして市民社会は、一方で「賤民（Pöbel）」の出現を引き起こし、他方で極度の富を少数者の手中に集中させる（§244）。「いかにして貧困を取り除くかという問題が、とりわけ近代社会を動かし苦しめている重大問題である」（§244Zus.）。

　しかし市民社会はこの問題を解決できない。なぜなら富者に負担をかけることは市民社会における諸個人の自立性の原則に反し、また貧困者に労働を与えることは生産物の過多を引き起こすからである。そこでヘーゲルは次のように言う。「市民社会は富の過剰にもかかわらず、十分には富んでいないことが、すなわち貧困の過剰と賤民の出現を防止するほどに十分な資産をもっていないことが暴露される」（§245）。ここでいう「資産」とは、単なる財貨ではなく、「普遍的資産」としての生産・流通・消費のシステムのことである。このシステムが不十分なのである。

　市民社会はまた、海外市場を求め、植民地の獲得に乗り出す（§248）。しかしその結果は、植民地の独立戦争であり、その独立である（§248Zus.）。

　ヘーゲルが市民社会において重視するのは、「商工業身分」によって組織される「職業団体」である。それは、公的権力の監督のもとで、成員の共通の利益をはかり、客観的な資格に基づいて成員を限定し、そして成員の能力を養成し、教養形成をはかる権利が承認される（§252）。ヘーゲルはこの職業団体を、「市民社会」から「国家」へと媒介するものという位置づけを与えている。「婚姻の神聖と職業団体における誇りとは、市民社会の無秩序が〔国家の秩序へと〕回転する二つの契機である」（§255Anm.）。こうして、ヘーゲルは、「市民社会」の矛盾を解決するものとして、「国家」に期待をかけるのである。

(b) マルクスの市民社会論

　ヘーゲル『法の哲学』における「市民社会」論からマルクスは多くを学んだ。『資本論』はマルクスの独自の「市民社会」論となっている。マルクスは、ヘーゲルが問題にした「富と貧困」の問題は、資本の利潤獲得のための労働の搾取に基づくものであり、また資本によってつくり出される失業や半失業にあることを論じる。つまり、資本は、好景気の時には大量の労働者を雇用し、不況になれば労働者を解雇する。恐慌が起これば資本家も倒産し、膨大な労働者が職を失う。こうして、失業者や半失業者がつねに「産業予備軍」としてつくり出されているのである。マルクスは次のように言う。

　「資本主義制度の内部では、労働の社会的生産力を高めるいっさいの方法は、個々の労働者の犠牲として行われるのであり、生産を発展させるいっさいの手段は、生産者の支配と搾取との手段に転化し、労働者を部分人間へと不具化させ、彼を機械の付属物へとおとしめ、彼の労働苦によって労働の内容を破壊し、科学が自立的力能として労働過程に合体される程度に応じて、労働過程の精神的力能を労働者から疎外するのであり、またこれらの方法・手段は彼の労働条件をねじまげ、労働過程中ではきわめて卑劣で憎むべき専制支配のもとに彼を服従させ、彼の生活時間を労働時間に転化させる」（Ⅰ, S.674）。

　ここから、「一方の極における富の蓄積は、同時に、その対極における、すなわち自分自身の生産物を資本として生産する階級における、貧困、労働苦、奴隷状態、無知、野蛮化、および道徳的退廃の蓄積である」（Ⅰ, S.675）。こうして、マルクスは、資本主義的蓄積の一般的法則として、「富の蓄積は貧困の蓄積である」と結論づけるのである。

　これに対して、労働者の抵抗や独自の運動が増大する。マルクスは、ヘーゲルの「職業団体」に対応するものとして、「労働組合」や「協同

組合」を位置づける。マルクスは「国際労働者協会創立宣言」(1864年)の中で労働組合の意義を次のように述べている。

「成功の一つの要素を労働者階級はもっている——人数である。だが、人数がものをいうのは、結合(Kombination)が労働者階級を団結させ(vereinen)、知識が労働者階級を導く場合だけである」(Bd.16, S.12)。ここで「結合」とは、資本による労働者の結合である。それは資本による労働者の支配と結びついている。それに対して、「団結」とは労働者の自発的で自覚的な結びつきである。さらに労働者階級は知識をもって初めて闘いを組織することができる。

そしてまたマルクスは、国際労働者協会の「暫定中央評議会代議員への指示」(1867年)で労働組合の「過去・現在・未来」を論じる中で、「最近になって、労働組合は、自分の偉大な歴史的使命という意識に目覚めつつあるように見える」(Bd.1, S.197)と言う。労働者階級の偉大な歴史的使命とは、「資本主義的生産様式の変革と諸階級の最終的廃止」(Ⅰ, S.22)である。

またマルクスは、「協同組合労働(Kooperativarbeit)」が、「階級対立に基礎をおく現在の社会を改造する推進力のひとつである」と言う。「この運動の大きな功績は、資本の下への労働の隷属という、現在の専制的で貧困を生みだす制度を、自由で平等な生産者たちの協同社会(Assoziation)という、共和的で福祉をもたらす制度によって排除されうることを、実践的に示す点にある」(Bd.16, S.195)。しかし、協同組合労働だけでは資本主義社会を変革できない。「社会的生産を自由な協同組合労働の広範な調和ある体系に転化させるためには、全般的な社会的変革、社会の全般的諸条件の変革が必要である。この変革は、社会の組織された強制力、すなわち国家権力を、資本家と地主の手から生産者自身の手に移すことによってのみ実現できる」(Bd.16, S.195f.)。つまり、マルクスは政治的変革と所有制度の変革が不可欠であることを主張するのである。

5　国家論

(a) ヘーゲルの国家論

　人倫の第三は「国家」である。ヘーゲルにとって、「国家は具体的自由の現実性である」（§260）。ここでは、人倫の普遍性と諸個人の個別性とが一体性をなしている。国家は、(A)「国内公法」によって統治機構を定める。ヘーゲルは、「立憲君主制」が国家の理念にかなったものであると考える。国家権力の一体性の中で、「君主権力」、「統治権力」、「立法権力」が区別される（§273）。国家はまた「対外主権」をもつ。国家の独立こそが「国民の第一の自由であり、最高の栄誉」である（§322）。そして、(B)「国際公法」が、独立した国家間の関係を規定する。ヘーゲルは、国家の主権と独立の維持のための戦争を肯定する。「国家間の争いは、それぞれの国家の特殊的意志が合意を見いださない限り、ただ戦争によってのみ解決される」（§334）。ただし、ヘーゲルは、戦争中といえども、国内の諸制度、平和な私的生活や私的人格を保障するという国際法上の規定を主張する（§338）。

　さらに、国家間の関係から、(C)「世界史」が論じられる。世界史の過程において、国家や諸民族、諸個人の興亡が起こる。その意味で「世界史（Weltgeschichte）」は世界精神による「世界審判（Weltgericht）」である（§340）。そこで実現されるのは「自由の理念」である。「世界史は、精神の自由の概念に基づく理性の諸契機の必然的発展であり、したがって精神の自己意識と精神の自由の必然的発展である」（§342）。

(b) マルクスの国家論

　マルクスは、『ヘーゲル国法論批判』（1843年）において、ヘーゲルの

「立憲君主制」の国家論を批判して、「民主制」を主張した。そして『経済学批判』「序言」によれば、マルクスはヘーゲル法哲学の批判的検討を経て、「法的諸関係および国家諸形態は、それ自体からも、またいわゆる人間精神の普遍的発展からも概念的に把握されるものではなく、むしろ物質的生活関係に根ざしている」(Bd.13, S.8) と考えた。この物質的生活関係の総体をヘーゲルは「市民社会」と呼んだのである。したがって、国家は市民社会に根ざし、市民社会でブルジョアジーと地主が支配する資本主義社会においては、国家もブルジョアジーと地主が支配する階級国家となる。マルクスは、「市民社会」において、経済恐慌、労働の疎外、人間破壊と自然破壊が起こり、しかも労働者階級の経済的・社会的・政治的・精神的発達が進むもとで、資本主義的な国家権力が変革されると考える。マルクス・エンゲルス『共産党宣言』(1848年) は次のように言う。「発展の過程で、階級の区別が消滅して、すべての生産が協同した (assoziiert) 諸個人の手に集中されると、公的権力は政治的性格を失う。……階級および階級対立をもつ古いブルジョア社会の代わりに、各人の自由な発展が万人の自由な発展の条件である協同社会 (Assoziation) が現れる」(Bd.14, S.215)。ここでは、協同的生産と協同社会の実現によって、強制力 (Gewalt) をもつ国家権力の消滅が主張されている。

　1871年に「パリ・コンミューン」が成立した。マルクスは直ちに『フランスの内乱』(1871年) を執筆して、その意義を論じた。「コミューン——それは、国家権力を、社会を支配し抑圧する力としてではなく、社会自身の生きた力として、社会によって取りもどすこと (Rückname) であり、国家権力を人民大衆自身によって取りもどすことである。人民大衆は自分たちを抑圧する組織された権力に代わって、人民大衆自身の権力を作りだすのである」(Bd.17, S.543)。そして、マルクスはこの人民大衆の権力こそが、自由で平等な「協同社会」をつくると考えるのである。

　またマルクスは、労働者階級が国際平和の実現のためにも活動するべ

きであると言う。マルクスは、「私人の関係を規制すべき道徳と法（Moral und Recht）の単純な法則が、諸国民の交通の最高の法則として通用させること」（Bd.16, S.13）を労働者階級の「義務」であると主張した。すなわち国際的関係における「道徳と法」による平和の実現が主張されている。

6　社会哲学と論理学

　以上のように、ヘーゲル『法の哲学』とマルクス『資本論』等の社会哲学を比較検討することによって、ヘーゲルからマルクスへの批判的継承関係が明らかになる。その意味では、「アルント・テーゼ」の提起は重要である。しかしながら、ヘーゲルが『法の哲学』で提起した問題について、マルクスがすべてを論じたわけではない。『法の哲学』「緒論」における「自由意志論」や第2部「道徳」などは、マルクスの検討の対象とされていない。さらに、「市民社会論」においても、ヘーゲルが重視した「内務行政」による公共事業や社会政策の問題もマルクスにおいては十分に論じられていない。それは、マルクスが『資本論』では「経済学批判」の課題に集中したからであり、また他の著作においても、哲学・倫理学や、国家の行政論などについては本格的に論じる機会がなかったからである。

　しかし、同時に、マルクス『資本論』において、ヘーゲル『法の哲学』よりはむしろ『論理学』において展開された哲学的・論理学的テーマが登場する場面がある。ヘーゲル自身が『法の哲学』の方法は『論理学』を前提にしていることをくり返し述べている（Vgl. S.12, S.32）。マルクスの『資本論』「第二版へのあとがき」からも、マルクス『資本論』はヘーゲルの方法論（弁証法）として『論理学』を批判的に継承していることは明らかである。この点では、『資本論』の叙述から、ヘーゲル『論理学』のカテゴリーをマルクスがいかに理解したかも分かるはずで

あり、マルクスが書きたいと言いながら書けなかった、ヘーゲル論理学における「合理的なもの」が何であったかも、ある程度は推測できると思われる。しかも、マルクスのヘーゲル『論理学』理解を手引とすることによって、難解なヘーゲル『論理学』を理解する手がかりも得られると思われる[6]。これらの点で、ヘーゲル『論理学』とマルクス『資本論』の関係は極めて重要である。「アルント・テーゼ」は、『法の哲学』と『資本論』との関係を提起した点で重要であるが、しかし、『論理学』と『資本論』との関係は決して軽視しえないと思われる。そこで、ヘーゲル『論理学』[7]のいくつかのカテゴリーに関わるマルクス『資本論』の議論を見たいと思う。

II 『論理学』と『資本論』

1 ヘーゲルの弁証法とマルクスの弁証法

マルクスは『資本論』「第二版へのあとがき」(1873) で次のように述べた。

「私の弁証法的方法は、ヘーゲルのそれと根本的に (Grundlage nach) 異なっているばかりでなく、それとは正反対のものである。ヘーゲルにとっては、彼が理念 (Idee) という名前をもって一つの自立的な主体にさえ転化した思考過程が、現実的なものの制作神 (Demiurg) であって、現実的なものはただその外的現象をなすにすぎない。私にとっては反対に、観念的なものは、人間の頭脳の中で置き換えられ、翻訳された物質的なものにほかならない」(Ⅰ, S.27)。

ここでのヘーゲル弁証法への批判は、ヘーゲルが論理学を「自然と有限精神の創造以前の永遠の本質の中にある、神の叙述」(GW11, 21, 上1, 34) であると表現したことに対応する。もともと人間の思考過程であ

る論理を「理念」(イデー)という自立的な「主体」としてとらえ、それが世界を創造する神としてとらえること、ここにヘーゲルの観念論がある。それは、プラトンの「イデア」論や、宇宙の創造説を受け継ぐものである。プラトンは、世界の制作神としての「デミウルゴス」が、理性とロゴス(言葉・論理)をもって、「イデア」を世界の原型とし、質料(火、土、水、空気)を素材として、宇宙を形成することを論じた[8]。マルクスは、プラトンの「デミウルゴス」が、理性とロゴスを用いて宇宙を創造する点で、ヘーゲルの思想に近いと考えたのであろう。ヘーゲルは、プラトンよりもはるかにダイナミックに現実をとらえる論理を研究した。しかしやはりこの論理を、神の世界創造のための設計図のように描いたのである。このような観念論が、矛盾に満ちた世界をとらえる弁証法を、同時に現実との「和解」を説く弁証法へと導いた。ここに、ヘーゲルの弁証法に対するマルクスの批判がある。

　マルクスにとって、人間の思考過程は、物質的な現実を観念に転換して反映するものである。その点で、人間の思考は決して世界を創造するものではないが、しかし単に主観的なものではない。人間の思考がつくり出す概念も、世界を反映するものであり、その意味で客観的な意味をもつのである。

　マルクスは続いて、彼の「弁証法的方法」について次のように言う。

　「叙述の仕方は、形式としては、研究の方法と区別されなければならない。研究は、素材を詳細にわがものとし、素材のさまざまな発展形態を分析して、それらの発展形態の内的紐帯を探り出さなければならない。この仕事を仕上げてのちに、はじめて、現実の運動をそれにふさわしく叙述することができる。これが成功して、素材の生命が観念的に反映されるならば、まるでア・プリオリな構成とかかわりあっているかのように、思われるかもしれない」(Ⅰ, S.27)。

　ここで「素材のさまざまな発展形態を分析し、それらの発展形態の内的紐帯を探り出す」ということは、ヘーゲルが『論理学』におけるカテ

ゴリー分析において実際にやったことである。また「素材の生命」が観念的に構成されて、まるで「ア・プリオリな構成」に見える展開は、ヘーゲルが「方法は対象の魂である」として、カテゴリー体系の構成において行った方法であり、ヘーゲルの言う「概念の自己展開」である。マルクスは、ヘーゲル論理学からこれらのことを学んだのである。

しかしマルクスは、「現実の運動をそれにふさわしく叙述する」と言い、素材の生命が観念的に「反映されるならば」と言うように、あくまでも唯物論の立場に立っている。その点でマルクスはヘーゲルと異なる。ヘーゲルの「概念の自己展開」は、思想が現実の本質であり、概念が現実の運動を支配するという客観的観念論の主張を含んだ「客観的思想」の自己展開である。それに対して、マルクスにとっては、概念や思想はあくまでも現実の反映であり、たとえ「ア・プリオリな構成」とも見える概念の展開において、そこで目指されているものは、あくまでも現実そのものの運動の叙述である。さらにマルクスは言う。

「私は、自分があの偉大な思想家の弟子であることを公然と認め、しかもそのうえ価値論にかんする章のあちこちで、彼に固有な表現様式をことさら使用した（kokettiren）。弁証法がヘーゲルの手でこうむった神秘化は、彼が弁証法の一般的な運動形態をはじめて包括的で意識的な仕方で叙述したことを、決してさまたげるものではない。弁証法はヘーゲルにあっては逆立ちしている。神秘的な外皮のなかに合理的な核心を発見するためには、それをひっくりかえさなければならない」（Ⅰ, S.27）。

こうしてマルクスがヘーゲル論理学を批判的に継承していることは明らかである。マルクスは、ヘーゲルが包括的な仕方で展開した弁証法から「合理的な核心」を学び、観念論的な弁証法を唯物論的な弁証法に「ひっくりかえす」ことが必要だと言う。そしてマルクスの自身の弁証法について、次のように言う。

「その合理的な姿態では、弁証法は、ブルジョアジーやその空論的代弁者たちにとっては、忌まわしいものであり、恐ろしいものである。な

ぜなら、この弁証法は、現存するものの肯定的理解のうちに、同時にま
た、その否定、その必然的没落の理解を含み、どの生成した形態をも運
動の流れの中で、したがってまたその経過的な側面からとらえ、なにも
のによっても威圧されることなく、その本質上、批判的であり革命的で
あるからである」（Ⅰ, S.28）。

　このマルクスの弁証法は『資本論』の本文で明らかにされる。その代
表的な議論を見てみよう。

2　質、量、尺度、反省規定の弁証法

　マルクスは、「価値論にかんする章のあちこちで、彼に固有な表現様
式をことさら使用した（kokettiren）」（Ⅰ, S.27）と言うように、商品の価
値を論じる章で、ヘーゲル論理学の用語を使って議論を行っている。商
品を分析する最初の方で次のように言う。

　「鉄、紙などのような有用物は、どれも二重の観点から、質（Qualität）
および量（Quantität）の観点から、考察されなければならない。このよ
うな物はどれも、多くの属性からなる一つの全体であり、それゆえ、さ
まざまな面で有用でありうる。これらのさまざまな面と、それゆえ物の
いろいろな使用の仕方とを発見することは歴史的行為である。有用物
の量をはかる社会的尺度（Maße）を見つけ出すこともそうである」（Ⅰ,
S.49f.）。

　この文章で、原語を記入した、「質」、「量」、「尺度」をマルクスは、
『資本論』の初版および第二版ではゲシュペルト（隔字体）で強調して
いる。これらは、ヘーゲル論理学の「有論」の最も基本的な概念にほか
ならない（ただし、「尺度」はヘーゲル論理学では、「限度」と訳される）。

　そして、商品の「質」である物の有用性が「使用価値」をなす。そし
て、ある種類の使用価値と他の種類の使用価値とが交換される「量的関
係」が「交換価値」である。さらに、交換価値として現象する「価値」

の「尺度」として抽象的人間労働がとらえられる。マルクスは次のように言う。

「ある使用価値または財が価値をもつのは、そのうちに抽象的人間労働が対象化または物質化されているからにほかならない。では、どのようにしてその価値の大きさは計られるのか？ そこに含まれている『価値を形成する実体（wertbildende Substanz）』すなわち労働の分量によってである。労働量そのものは、その継続時間によってはかられ、労働時間は、時間、日などのような一定の時間部分を度量基準とする」（I, S.53）。

こうして、価値を形成する実体としての労働と、その度量基準としての、一定の物を生産するための平均的な労働時間がとらえられるのである。

「質」、「量」、「尺度」ないし質と量との統一としての比率などの「限度」というカテゴリーが使用されるのは価値論には限られない。それは『資本論』のさまざまな問題において論じられるのである。

また、マルクスは「価値形態論」において、ある商品の価値は、他の商品の使用価値によって表現されることを論じる。例えば、「20エレのリンネル＝1着の上着」という価値形態において、20エレのリンネルの価値が1着の上着によって表現されている。この議論を展開するにあたって、マルクスは注で次のように言う。

「反省規定（Refexionsbestimmungen）というものは、そもそも独特のものである。例えば、この人間が王であるのは、他の人間たちが彼に対して臣下としての態度をとるからにすぎない。他の人間たちは、逆に、この人間が王であるから、自分たちは臣下であると思うのである」（I, S.72）。

ここでは、王と臣下とは、相互に他方があるから自分があるという相関関係の例として論じられている。ヘーゲル論理学では、このような関係を「本質論」で「反省規定」として論じたのである。マルクスの価値形態論はこのような反省規定の論理を踏まえているのである。資本と賃労働との関係なども、まず相互前提の関係としては「反省規定」である。

両者の矛盾はこのような相互前提関係を踏まえて論じられるのである。

3 目的論と労働

　ヘーゲルは『論理学』における「目的論」において「外的合目的性」の論理を論じ、「生命」において「内的合目的性」を論じた。「外的合目的性」とは、客観（自然）の外に人間の目的があり、この目的が客観（自然）の中で実現されるという論理である。「外的合目的性」のモデルは労働である。ただしヘーゲルは「目的論」において「労働」という言葉は直接には使っていない。「内的合目的性」とは、自然の中に目的が内在する論理である。それは「生命」の論理である。

　外的合目的性において、目的が実現できるのは、目的のための手段が巧みに利用されるからである。ヘーゲルはこのことを「理性の狡知」と呼ぶ。「目的が自己を客観との間接的な関係の中におき、自己と客観との間に他の客観を挿入することは、理性の狡知（die List der Vernunft）と見ることができる」（GW12, 166, 下244）。ここでは、目的は外面的な客観を前提にし、目的の実現を客観の機械的関係や化学的関係の中で行おうとする。「しかし目的は、ある客観を手段として引きだして、自己の代わりにその客観に働き疲れさせ、消耗させながら、客観の背後で機械的な強制力に対して自己を保持している」（ibid., 同）。ここでは、目的の実現のために手段が重要な役割を果たす。この手段についてヘーゲルは次のように言う。「手段は外的合目的性の有限な目的よりも高次のものである。――鋤は、食の享受が直接に尊い以上に尊いものである。……人間は、たとえその目的に関しては自然に従属するとしても、道具において自然に対する支配力をもつのである」（GW12, 166, 下245）。

　マルクスは『資本論』の中で、労働が合目的的活動であることを論じ、注を付けて、『小論理学』[8]「目的論」の「補遺」から次の個所を引用した。「理性は威力があるとともに、狡知に富んでいる。狡知とは、客体をそ

れら自身の本性に従って相互に作用させながら、互いに働き疲れさせることによって、自らは直接にこの過程に入り込むことなく、にもかかわらず自分の目的のみを達成するという媒介的活動である」（§209 Zus., I, S.196）。この点で、マルクスは、ヘーゲルの「目的論」と労働との関係を明確に示したのである。同時に、マルクスは「人間と自然との物質代謝」の中に労働を位置づける。すなわち、労働とは、「人間と自然とのあいだの一過程、すなわち人間が自然とのその物質代謝を彼自身の行為によって媒介し、規制し、制御する過程である」（I, S.192）。このような「人間と自然との物質代謝」の「制御」が目的意識的に行われること、それが労働である。

こうして、『論理学』における「目的論」の論理が、『資本論』の労働論に生かされ、逆にまた『資本論』の労働論が『論理学』をより具体的に理解することに役立つのである。

4　弁証法的矛盾

ヘーゲル『論理学』において、「矛盾」は弁証法的論理の中核的な位置にある。ヘーゲルは言う。「矛盾はすべての運動と生命性の根本である。或るものは自己自身の中に矛盾をもつ限りにおいて、自己を運動させ、衝動と活動性をもつ」（GW11, 286, 中 78）。ヘーゲルは、相互に関連し相互に前提し合うものが、相互に否定し相互に排除し合う「対立」であるとともに、対立し合うものがそれ自身の存立を否定し排除する事態を「矛盾」ととらえた。

マルクスは、「ヘーゲル的矛盾」は「あらゆる弁証法の噴出源（die Springquelle aller Dialektik）」（I, S.623）であると言っている。ヘーゲルにおいてもマルクスにおいても、弁証法の核心は「矛盾」の把握である。『資本論』において「矛盾」は極めて重要な役割を果たす。

商品論の「交換過程」では、貨幣を媒介としない交換が、使用価値を

実現する商品所有者の「個人的過程」であると同時に、価値を実現する「一般的社会的過程」であるという矛盾をもつ。ここから商品所有者たちの行為によって特定の商品が「貨幣」とされるのである。マルクスはまた次のように言う。「例えば、一つの物体が絶えず他の物体に落下し、しかも同時に絶えずそれから飛び去るというのは、一つの矛盾である。楕円は、この矛盾が自己を実現するとともに解決する運動形態の一つである」（Ⅰ, S.118f.）。このようにマルクスは、「現実的な矛盾」が新たな運動を媒介するものとなることを論じている。これは、マルクス自身の矛盾論でもある。

またマルクスは、「貨幣の資本への転化」では次のような矛盾を提示する。すなわち、貨幣(G)－商品(W)－貨幣(G′)が「等価交換」される「流通過程」において貨幣が資本になる。しかし貨幣の「価値増殖」（GからG′ = G+ΔGへ）が資本の本質である。ここには「等価交換」でありながら「価値増殖」するという矛盾がある。マルクスは労働力商品という特殊な商品を明らかにすることによって、この理論的な矛盾を解決する。すなわち、労働力商品は自分の価値以上の価値（剰余価値）をつくり出すことによって、G－W－G′が「等価交換」でありながら、「価値増殖」を行うのである。こうして貨幣は資本になる。「貨幣の資本への転化」における理論的な矛盾はこのようにして解決される。

しかし、「貨幣から資本への転化」の中には現実的な矛盾がある。労働力商品が自分の価値以上の価値（剰余価値）を生むのは、労働力が自分の価値（賃金）と同じ商品価値を生産する時間（必要労働時間）のほかに、資本の剰余価値（利潤）を生産する時間（剰余労働時間）があるからである。剰余労働時間の労働に対して賃金は支払われない。つまり、資本の剰余価値をつくり出す労働は、賃金不払い労働である。マルクスはこれを「搾取」と言う。ここには、資本と労働との現実的な矛盾がある。

このように、マルクスは、商品、貨幣、資本の分析をとおして次々に

矛盾を明らかにしながら、矛盾を媒介とした運動や理論的矛盾の解明によって資本主義の経済構造を明らかにするのである。これらをもとにして、マルクスは、先に見た「資本主義的蓄積の一般法則」として、「富の蓄積と貧困の蓄積」の矛盾を明らかにするのである。

5　概念と主体

　マルクスは、「貨幣の資本への転化」を論じるさいに次のように言う。「流通 G－W－G においては、商品と貨幣とはともに、価値そのものの異なる存在様式として——すなわち貨幣は価値の普遍的な存在様式として、商品は価値の特殊ないわば仮装しただけの存在様式として——機能するにすぎない。価値は、この運動のなかで失われることなく、絶えず一つの形態から別の形態へと移っていき、こうして一つの自動的な主体（ein automatisches Subjekt）に転化する」（Ⅰ, S.168f.）。ここでは、自己増殖する価値である資本が「自動的な主体」としてとらえられる。

　また、マルクスは続けて次のように言う。「自己を増殖しつつある価値がその生活の循環のなかでかわるがわるとる特殊な現象形態を固定させてみれば、そこで得られるのは、資本は貨幣である、資本は商品である、という説明である。しかし、実際には、価値はここでは過程の主体（Subjekt）になるのであって、この過程のなかで貨幣と商品とに絶えず形態を変換しながらその大きさそのものを変え、原価値としての自己自身から剰余価値としての自己を突き出して、自己自身を増殖するのである」（Ⅰ, S.169）。

　このようにマルクスは、資本は貨幣と商品に形態を変えながら運動し、そのなかで自分の価値を増殖する「主体」であるととらえたのである。彼は、貨幣は資本の「普遍的な存在様式」であり、商品は資本の「特殊な存在様式」であると言う。その場合、貨幣は資本の価値を「普遍的」に示す存在様式である。同時にまた、貨幣も商品もともに資本の「特殊

な現象形態」と言われる。そして貨幣−商品−貨幣という形態変換の過程を貫いて自己を維持し、自己増殖する価値が「過程の主体」や「包括的な主体（das übergreifende Subjekt）」（ibid.）と表現されるのである。

　このような「主体」のとらえ方は、ヘーゲル『論理学』における「概念」における「主体」の論理の適用である。ヘーゲルは「概念」を、普遍（概念の自己同一性）、特殊（概念の他者への関係と規定性）、普遍（概念の諸契機の一体性）という三契機によってとらえた。これが「具体的普遍」の論理であり、「生きた実体」としての「主体」の論理である。ヘーゲルはこの論理によって、「生命、精神、神、純粋概念」をとらえることができると言った（GW12, 49, 下 65）。マルクスが「包括的な主体（das übergreifende Subjekt）」として論じた「包括する」は、ヘーゲルが普遍が他者を「包括する（übergreifen）」（GW12, 35, 下 42）として論じたものである。またヘーゲルは、神の三位一体を「概念」の普遍（父）・特殊（聖霊）・個別（子）によってとらえたのである。

　マルクスの「資本」の論理はこのような「主体」の論理の見事な適用というべきであろう。マルクスは、「貨幣の資本への転化」において、資本として投下された貨幣を「父」と呼び、剰余価値を「子」と呼んでいる。「〔資本の〕価値は、原価値としての自己を、剰余価値としての自己から区別し、父なる神としての自己を、子なる神としての自己自身から区別するのであるが、父も子もともに同じ年齢であり、しかも、実はただ一個の人格でしかない」（I, S.169）。ここで、「父の年齢と子の年齢とは同じ」と言われているのは、父は「子」の誕生によって初めて「父」になるからである。同様に、貨幣は剰余価値の誕生によって初めて資本となるのである。この議論は、ヘーゲルが「概念」の論理を「神の三位一体」論に使ったことを想起させるものであり、マルクスの「主体」としての資本の論理はヘーゲルの「概念」に由来することを暗示するものである。

　マルクスの言う「主体」としての資本の論理を、よりヘーゲル的に

「普遍」・「特殊」・「個別」という契機によって表現すれば、次のようになるであろう。すなわち、資本の価値は、自己を維持する「普遍性」をもちながら、自己を商品や貨幣という特殊な形態に変換させる「特殊性」をもち、さらに両者を統一として自己増殖する「個別性」である。このような資本が、自己増殖する価値としての「主体」なのである。マルクスは、このように資本が主体になっている社会から、いかにして人間（労働者）が主体になることが可能かを探求したのである。

6　否定の否定

「否定の否定」は、ヘーゲル論理学における重要な概念である。矛盾したものの否定的状態から、それが発展して肯定的状態にいたる過程が「否定の否定」である。その意味で「否定の否定」は「矛盾」と密接に関連する。

マルクス『資本論』もこの「否定の否定」の論理を受け継いでいる。マルクスは「資本主義的蓄積の歴史的傾向」として、次のように言う。「資本主義的生産様式から生まれる資本主義的取得様式は、それゆえ資本主義的な私的所有は、自分自身の労働にもとづく個人的な私的所有の最初の否定である。しかし、資本主義的生産は、自然過程の必然性をもってそれ自身の否定を生み出す。これは否定の否定である。この否定は、私的所有を再建するわけではないが、しかし、資本主義時代の成果——すなわち協業と、土地の共同占有ならびに労働そのものによって生産された生産手段の共同占有——を基礎とする個人的所有を再建する」（Ⅰ, S.791）。

ここで、「否定の否定」による「個人的所有の再建」が論じられる。それは次のような意味である。まず、「資本主義的私的所有」は、他人の労働の搾取であり、他人の生産物の取得である。これは、自分自身の労働に基づく「個人的な私的所有」の「第一の否定」である。この歴史

的転換は、「資本の本源的蓄積」によって行われた。この「第一の否定」の過程は、「商品生産の所有法則」の「資本主義的取得法則」への転換として明らかにされた。すなわち、「自己労働に基づく自己労働の生産物の所有権」は、資本主義のもとでは資本による「他人の労働の生産物の所有権」に転化するのである。

　しかし、資本主義的生産は、その自然過程の必然性によって「第二の否定」を生み出す。それは、生産手段の集中と労働の社会化が、資本主義的私的所有と調和しえなくなり、資本主義的私的所有が廃棄されるということである。ここでは「収奪者の収奪」によって社会的所有が実現される。そして、「資本主義時代の成果」である協業と、土地の共同占有および生産手段の共同占有を基礎にして、それらの社会的共同所有を実現し、資本主義的生産様式を変革した上で「社会的生産経営」が行われる。ここから、この生産物にたいする「個人的所有」が再建される。

　では「個人的所有の再建」とは何か。マルクスは、「商品の物神的性格」の説明の中で、将来社会を考え、「共同的生産手段で労働し、自分たちの多くの個人的労働力を自覚的に一つの社会的労働力として支出する自由な人間たちの連合社会」（Ⅰ, S.92）を論じた。この「連合社会」では、生産手段の共同所有に基づく協業が行われる。この協業による「総生産物」は、「社会的生産物」として、「社会的所有」となり、生産者全員の共同所有になる。そしてこの総生産物の一部は生産手段となり、また社会のための予備や蓄積とされたり、社会的な必要のために消費される。他の一部は、連合社会の生産者自身の生活手段として分配される。ここでの分配の仕方も、例えば、各生産者が提供した労働時間を尺度にするなど、生産者自身が共同で決定することになる。そして、各生産者に分配された生活手段は、各生産者自身の個人的所有となる。これが「個人的所有」の再建である。

　ここで、「否定の否定」は次の意味をもつ。まず、「第一の否定」によって否定された「自分の労働にもとづく個人的な私的所有」を、「第

二の否定」において、社会的に協同した個人の所有として、高いレベルで復活させる。次に、「第一の否定」である資本主義的生産様式がつくりあげた「生産手段の集中と労働の社会化」は「事実上すでに社会的生産経営にもとづくもの」であるが、しかしここでは労働の搾取や人間破壊と自然破壊、および生産力破壊を伴う。そこで、「第二の否定」において、社会的生産の資本主義的形態を変革し、「人間と自然との物質代謝」をより高いレベルで再建することが主張されるのである。そして、このような「否定の否定」によって、協業と生産手段の共同所有を基礎として、①生産物の共同取得、②その分配方法の共同決定、③個人的消費手段の個人的所有という、まったく新しい取得と所有を実現するのである。

7　必然性と自由

　ヘーゲル『論理学』において、「必然性」から「自由」への論理的移行は重要な意味をもつ。「必然性」とは、現実の事柄が他の仕方ではあり得ないことである。ヘーゲル『論理学』では、「実体」の間の関係である「因果性」や「交互作用」において必然性の論理が明らかにされる。それに対して、「自由」は「概念」ないし「主体」の自己発展の論理である。それは「他のものの中で自己自身のもとにあること」である。すなわち、「主体」は他者に関わりながら自己同一を貫き、自己自身を発展させるのである。この論理は、『法の哲学』では、人倫（家族、市民社会、国家）の中で諸個人の社会的な自己実現を行うこととして論じられる。また自由の論理は、自然に対する人間の関係においても重要であり、それがヘーゲル『論理学』では「目的論」における「理性の狡知」として論じられた。

　マルクスは『資本論』の「貨幣の資本への転化」の中で、「ヘーゲル論理学において、必然性から自由への移行はいかに困難であろうと」

（Ⅰ, S.165）と述べて、ヘーゲル論理学における「必然性と自由」の問題への関心を示している。そして、マルクス自身の「必然性と自由」の議論として、「必然性の国」と「自由の国」を論じた。

マルクスは次のように言う。「自由の国は、実際、必要に迫られ、外的な合目的性によって規定される労働が存在しなくなるところで初めて始まる。したがってそれは事柄の本質上、本来の物質的生産の領域の彼岸にある。未開人が自分の欲求を満たすために、自分の生活を維持するために、自然と格闘しなければならないように、文明人もそうしなければならず、しかもすべての社会形態においてありうるすべての生産様式のもとでそうしなければならない。彼の発達とともに、欲求が拡大するため、自然必然性のこの国が拡大する」（Ⅲ, S.828）。つまり、「必然性の国」とは、人間の生活時間のうちで必要労働時間の世界である。階級社会では剰余労働時間もこの「必然性の国」に含まれるであろう。

では、「必然性の国」における自由とは何か。マルクスは次のように言う。「しかし同時に欲求を満たす生産力も拡大する。この領域における自由は、ただ、社会化された人間、協同化された（assoziiert）生産者たちが、盲目的な力によって支配されるものとしての、人間と自然との物質代謝によって支配されることをやめて、この物質代謝を合理的に規制し、自分たちの共同の制御のもとにおくということ、つまり力の最小の消費によって、自分たちの人間的本性に最もふさわしく最も適合した諸条件のもとでこの物質代謝を行うこと、この点にだけありうる。しかしそれでも、これはまだ依然として必然性の国である」（ibid.）。つまり「必然性の国」における自由とは、人間と自然との物質代謝の合理的な規制と共同的制御、力の最小の消費（省エネルギー）による人間の本性に適合した労働を行うことにある。

では、「自由の国」とは何か。「必然性の国の彼岸において、自己目的として認められる人間的な力の発展、すなわち真の自由の国が始まる。といっても、それはただその土台としての必然性の国の上にのみ開花し

うる。労働日の短縮が根本条件である」(ibid.)。すなわち、「自由の国」とは、人間生活における自由時間の世界であり、ここでの「自己目的として認められる人間的な力の発展」である。では、自由時間における人間的な力の発展とはどのようなものか。その点で参考になるのが、労働時間の制限の意義に関するマルクスの次の言葉である。すなわち、労働時間の制限は、「労働者階級の……健康と身体的エネルギーを回復し、精神的発達、社会的交流、そして社会的および政治的活動を可能にするために必要である」(Bd.16, S.192)。このように、健康と身体的エネルギーの増大、精神的発達の活動、家族や地域、さらに国内的・国際的な社会的交流、環境・平和・民主主義のための社会的・政治的活動などが、自由時間における活動として考えられる。これらを各個人が自由に選択して、「人間的な力の発展」そのものを目指して行われる活動が「自由の国」である。

　マルクスはヘーゲル『論理学』の「必然性と自由」の論理を受け継ぎながら、ヘーゲルには意識されなかった自由時間の決定的な重要性をとらえ、「必然性の国」における自由の発展と労働時間の短縮を基礎として、人間の自己実現をめざす「自由の国」を論じたのである。こうして、マルクス『資本論』は、ヘーゲル『論理学』を批判的に継承しながら、資本主義批判と将来社会論を含む、独自の社会哲学を展開したのである。

まとめ——「アルント・テーゼ」に応えて

　以上のように、「アルント・テーゼ」は、ヘーゲル『法の哲学』とマルクス『資本論』とを対照するべきであるという点では、明らかに妥当する。しかし、ヘーゲル『論理学』とマルクス『資本論』とは理論のレベルが異なるのであるから、対比できるものではなく、マルクス『資本論』からヘーゲル『論理学』に比肩するような「論理学」を把握することはできない、という点では、妥当しないと思われる。以上で論じたよ

うに、マルクスはヘーゲル『論理学』に通暁しているだけでなく、ヘーゲルでは示唆されたり、潜在的に含まれていたにすぎない論理を見事に取り出している。マルクス『資本論』の論理からヘーゲル『論理学』の意義が浮かび上がる点もある。それは、「矛盾」、「主体」、「自由」の論理などにおいて明らかであろう。ヘーゲル『論理学』が観念論的世界観と観念論的弁証法を提示するのに対して、マルクス『資本論』は唯物論的世界観と唯物論的弁証法を提示するのである。この点で、ヘーゲル『論理学』とマルクス『資本論』とを対照させる研究は依然として重要であると言わなければならない。

注
1) ウイリアムズ編『リベラリズムとコミュニタリアニズムを超えて—ヘーゲル法哲学の研究—』(2001 年) 中村浩爾・牧野広義・形野清貴・田中幸世訳、文理閣、2006 年、参照。
2) マルクスからの引用では、『資本論』以外は、Marx-Engels Werke, Dietz Verlag の巻 (Bd.) とページ (S.) を記す。邦訳『マルクス・エンゲルス全集』(大月書店) には原書のページも記されている。なお、外国語文献の翻訳は適宜、変更している。
3) アンドレーアス・アルント「ヘーゲルとマルクス—マルクスはヘーゲル主義者か反ヘーゲル主義者か—」色摩泰匡訳『現代の理論』09 秋号 (Vol.21)、2009 年 10 月、および、Andreas Arndt, „……unbedingt das letzte Wort aller Philosophie" Marx und die Hegelsche Dialektik.（2012 年 3 月 10 日阪南大学研究フォーラムでの講演原稿。その後、Rahel Jaeggi/Daniel Loick (Hg.), *Karl Marx—Perspektiven der Gesellschaftskritik,* AKademie Verlag, 2013 に収録。）邦訳、アンドレアス・アルント著・尼寺義弘訳「マルクスとヘーゲルの弁証法—絶対的にあらゆる哲学の最後の言葉—」尼寺義弘・牧野広義・藤井政則共編著『経済・環境・スポーツの正義を考える』文理閣、2014 年、所収。
4) G. W. F. Hegel, *Grundlinien der Philosophie des Rechts oder Naturrecht und Staatswissenschaft im Grundrisse. Mit Hegels eigenbändigen Notizen und den mündlichen Zusäzten,* Werke in wanzig Bänden, Bd.7, Suhrkamp Verlag. 引用では、原書のページまたはパラグラフ (§) を記す。注釈 (Anmerkung) は Anm. と、

補遺（Zusatz）は Zus. と略記する。邦訳は、ヘーゲル『法の哲学』藤野渉・赤沢正敏訳、『世界の名著ヘーゲル』岩崎武雄編、中央公論社、所収、参照。

5) 『資本論』からの引用では、Karl Marx, *Das Kapital,* Dietz Verlag の第Ⅰ部－Ⅲ部（Ⅰ-Ⅲ）とページ（S.）を記す。邦訳は大月書店版も新日本出版社版も原書のページが記されている。

6) この点を主張したのは、見田石介『ヘーゲル大論理学の研究』全3巻、大月書店、1979-80 年、である。

7) G. W. F. Hegel, *Wissenschaft der Logik,* Gesammelte Weke, Bd.11, 12, 21, Felix Meiner Verlag. 邦訳は、武市健人訳『大論理学』全3巻4冊（有論は第二版）、岩波書店。引用では、原著の巻（有論第一版と本質論は WG11、概念論は WG12、有論第二版は WG21）とページ、および邦訳の巻（上1、2・中・下）とページを記す。

8) プラトン『ティマイオス』種山恭子訳、『プラトン全集』第12巻、岩波書店、30ページ以下、参照。

9) G. W. F. Hegel, *Enzyklopädie der philosophischen Wissenschaften im Grundrisse (1830). Erster Teil Die Wissenschaft der Logik. Mit der mündlichen Zusäzten,* Werke in zwanzig Bänden Bd.8, Suhrkamp Verlag. 邦訳は、ヘーゲル『小論理学』上・下、松村一人訳、岩波文庫、参照。引用ではパラグラフ（§）を記す。

あとがき

　私は今年（2016 年）3 月に阪南大学を定年退職した。本書は私がこれまで行ってきたヘーゲル哲学研究のまとめの一つである。本書に収録した論文や翻訳などは以下のものをもとにしている。本書への収録にあたって、もとの原稿の調子を残したため、「である」調と「ですます」調とが混在することになった。ご了承いただきたい。

　序論は、拙著『哲学と知の現在』（文理閣、2004 年）第 7 章「今、なぜヘーゲルか」の「はじめに」の文章を書き直したものである。
　第 1 部第 1 章は、ドイツ旅行の記録をもとにした書き下ろしである。
　補論は、「ドイツで『過去への反省』にふれる」（関西勤労者教育協会・戦前の出版物を保存する会編『保存会ニュース』No.289、2009 年 8 月 10 日）をもとにして加筆した。
　第 2 章は、ベルリンの「女の会」で 2009 年 3 月 24 日に講演した「ヘーゲルと女性」の原稿をもとにしている。
　第 3 章は、「ヘーゲル法哲学講義録 1819/20 年について」（阪南大学学会編『阪南論集　人文・自然科学編』第 38 巻第 1 号、2002 年 10 月）をもとにしている。
　第 4 章は、「ヘーゲル論理学講義 1831 年における『主体』と『自由』」（阪南大学学会『阪南論集　社会科学編』第 45 巻第 3 号、2010 年 3 月）をもとにしている。
　第 5 章は、アンネッテ・ゼル「講義録の中に見るヘーゲル論理学」（阪南大学学会編『阪南論集　社会科学編』第 48 巻第 1 号、2012 年 10 月）をもとにしている。

第2部第1章は、「ヘーゲル論理学における矛盾・主体・自由——シンポジウムⅡ　ヘーゲル『大論理学』の意味について——カントの超越論的論理学との対立から」（日本ヘーゲル学会編『ヘーゲル哲学研究』第19巻、2013年）をもとにしている。

　第2章は、アンネッテ・ゼル「生きた論理学——ヘーゲル論理学における生命概念の意義」（阪南大学学会編『阪南論集　人文・自然科学編』第48巻第1号、2012年10月）をもとにしている。

　第3章は、「ヘーゲルとスポーツ哲学」（阪南大学学会編『阪南論集　人文・自然科学編』第51巻第1号、2015年10月）をもとにしている。この論文は阪南大学産業経済研究所の2014年度助成研究「スポーツ哲学と哲学的人間学の研究」（代表：藤井政則）の研究成果の一部である。

　第4章は、「ヘーゲルとマルクス——社会哲学と論理学」（阪南大学学会編『阪南論集　社会科学編』第51巻第3号、2016年3月）をもとにしている。

　以上のような研究を進めるうえでお世話になった皆さんに心より感謝を申し上げる。

　また、今回の出版も、文理閣の黒川美富子代表および山下信編集長に大変お世話になった。両氏に厚くお礼を申しあげる。

　　2016年8月15日

　　　　　　　　　　　　　　　　　　　　　　　　　　　　牧野広義

編著者紹介

牧野広義(まきの　ひろよし)

1948 年　奈良県に生まれる
1977 年　京都大学大学院文学研究科博士課程単位取得
大阪経済法科大学教授、阪南大学教授を経て、現在、阪南大学名誉教授
主な業績　『人間と倫理』青木書店、1987 年
　　　　　『ヘーゲル大論理学概念論の研究』(共著) 大月書店、1991 年
　　　　　『弁証法的矛盾の論理構造』文理閣、1992 年
　　　　　『哲学と現実世界』晃洋書房、1995 年
　　　　　『自由のパラドックスと弁証法』青木書店、2001 年
　　　　　『ヘーゲル法哲学講義録 1819/20』(共訳) 法律文化社、2002 年
　　　　　『哲学と知の現在―人間・環境・生命―』文理閣、2004 年
　　　　　ウイリアムズ編『リベラリズムとコミュニタリアニズムを超えて
　　　　　　―ヘーゲル法哲学の研究―』(共訳) 文理閣、2006 年
　　　　　『現代倫理と民主主義』地歴社、2007 年
　　　　　『『資本論』から哲学を学ぶ』学習の友社、2007 年
　　　　　G.W.F. ヘーゲル『論理学講義ベルリン大学 1831 年』(共訳) 文理閣、
　　　　　　2010 年
　　　　　『人間的価値と正義』文理閣、2013 年
　　　　　『ヘーゲル論理学と矛盾・主体・自由』ミネルヴァ書房、2016 年

ヘーゲル哲学を語る

2016 年 10 月 15 日　第 1 刷発行

　　　編著者　牧野広義

　　　発行者　黒川美富子

　　　発行所　図書出版　文理閣
　　　　　　　京都市下京区七条河原町西南角〒600-8146
　　　　　　　TEL (075)351-7553　FAX (075)351-7560
　　　　　　　http://www.bunrikaku.com

　　　印刷所　モリモト印刷株式会社

©Hiroyoshi MAKINO 2016　　　　　ISBN978-4-89259-800-5